내 안에 인생코드

내 안에 인생코드

초판 1쇄   2015년 2월 23일

지은이   남경우
발행인   이재교
책임편집   박자영
디자인   김상철 박자영 이정은
그림   김용철
제작   신사고하이테크(주)

펴낸곳   굿플러스커뮤니케이션즈(주)
출판등록   2013년 5월 7일 제2013-000136호
주소   서울시 마포구 잔다리로 14 (서교동 363-15) 5층
대표전화   02.6080.9858
팩스   0505.115.5245
이메일   goodplusbook@gmail.com
홈페이지   www.goodplusbook.com
페이스북   www.facebook.com/pages/goodplusbook

ISBN 979-11-85818-07-8 (03100)

「이 도서의 국립중앙도서관 출판시도서목록(CIP)은
서지정보유통지원시스템 홈페이지(http://seoji.nl.go.kr)와
국가자료공동목록시스템(http://www.nl.go.kr/kolisnet)에서 이용하실 수 있습니다.
(CIP제어번호: CIP2015004316)」

- 이 책은 굿플러스커뮤니케이션즈(주)가 저작권자와의 계약에 따라 발행한 것이므로
  본사의 서면 허락 없이는 어떠한 형태나 수단으로도 이 책의 내용을 이용할 수 없습니다.
- 책값은 표지 뒷면에 있습니다.
- 잘못 만들어진 책은 구입한 서점에서 교환해 드립니다.

내 안에
인생코드

남경우 지음

"자신을 아는 사람은 남을 탓하지 않고, 명을 아는 자는 하늘을 탓하지 않는다." 知自者不怨人 知命者不怨天 지자자불원인 지명자불원천 – 순자荀子

운명이론(명리학)을 접한지 벌써 15년이 흘렀다. 그 배경에 IMF사태가 있었다. 1997년 IMF사태로 많은 기업은 파산하였고, 일부 기업은 구조조정을 시작했다. 수많은 실업자가 발생했다. 반면 얼마 후 부상한 IT업종이 신흥 산업으로 등장하며 수많은 부자가 생기기도 했다.

당시 신문사 경제부 기자였던 나는 기업과 개인의 흥망성쇠를 지켜보면서 영욕의 비밀이 궁금해졌다. 그때까지만 해도 80년대 전후 대학가에 유행했던 서구이론과 90년대 후반 쏟아져 나왔던 경영이론들만을 접해봤을 뿐이었다.

그래서 개인의 삶 또한 그런 시각으로 들여다 보는 것 말고는 별다른 틀이 없었다. 당시의 유행하던 서구이론은 늘 전체 속의 개인을 들여다 보는 것이었는데 그 개인은 국가, 지역, 혈연, 계층, 집단 속의 개인이었다. 하지만 들여다 보면 볼수록 개인의 삶은 다양한 스펙트럼을 가진 종합세트였고 삶은 언제나 우연적인 일상사의 연속처럼 비춰졌다.

타인의 삶과 더불어 나 자신의 삶 또한 도대체 어떻게 흘러가는지 궁금할 따름이었다. 자신의 미래를 알고 싶은 욕망은 자유롭고 싶은 욕망과 이어져 있다.

독일 철학자 헤겔은 '자유는 필연성의 인식'이라고 말했지만, 삶에도 과연 필연이 있는 것인가? 삶의 필연성을 안다면 자유로울 수 있는가? 혹시 한 인간에게 운명이란 있는 것인가? 그 운명을 알 수 있다면 자유로울 수 있는가? 그 후 데일 카네기 인생론을 비롯하여 흘러 넘치는 자기계발서, 동양의 고전으로 대표되는 동양식 인생론을 뒤적거렸지만 개인의 삶을 직접적으로 응시한 운명이론은 없었다.

만남은 새로운 관심을 불러일으킨다. 우연한 기회에 한 명리학자를 만났다. 그 분이 말하기를 내가 다음 해에 직장 내 담당업무를 옮긴다는 것이었다. 그런 예언을 평생 처음 들었던 내가 그의 조언을 신뢰하기란 쉽지 않았다.

하지만 관심을 완전히 접은 것도 아니었다. 합리주의에 익숙했던 나에게 근거도 알 수 없는 예측이 귀에 들어올 리 만무했다. 다만 새로운 변화를 은근히 기대했던 나에게 일어났으면 좋은 희망 사항 정도로 남아 있을 뿐이었다.

　세월이 흘러 그가 예측한 대로 나의 보직이 바뀌었다. 나는 신기했고 그 예언의 이론적 근거가 무척 궁금해졌다. 어느새 명리학의 세계에 점점 깊숙이 발을 담그기 시작했고, 명리이론을 공부하면서 정밀하고 치밀한 논리를 구성해 온 선학들의 혜안이 신비스러웠다. 그분들이 어떤 통찰을 바탕으로 각각의 명리이론을 구성하였는지 지금도 궁금하다.

　명리이론에 익숙해지면서 지인들의 인생코드를 뽑아 놓고 그들이 엮어 내는 인생의 파노라마를 관찰하는 습관이 생겼다. 명리이론에 입각한 관찰은 나와 이웃을 이해하는데 큰 도움이 되었다.

　그 후 틈틈이 공유하는 모임을 만들어 운명론적 시각을 알려주기 시작했고 고민이 있는 사람들의 말벗이 되기도 했다. 이런 과정에서 사람이 자신을 정면으로 바라보는 것이 얼마나 중요한지 깨닫게 되었다.

　그러나 자신을 직시한다는 것은 그리 쉬운 일이 아니다. 특히 자신의 한계나 타인과의 관계에서 빚어진 부정적 감정을 들여다보고 극복하는 것은 어렵다. 이 때 명리이론은 자신과 타인의 관계를 성찰하는데 중요한 시사점을 제공한다.

　명리이론에 익숙해지려면 많은 시간과 세월이 필요하지만 몇 가지 초보적인 접근으로도 자신과 타인에 대한 많은 정보를 해석해 낼 수 있다.

그리고 그러한 접근은 자신과 타인에 대해 객관적 태도를 취하는데 많은 도움을 준다. 나는 많은 이들이 자신과 타인을 더 깊게 이해함으로써 좋은 만남과 기회가 있기를 바라며 글쓰기에 앞서 몇 가지 원칙을 정해보았다.

첫째, 약간의 지적 호기심과 인내가 있다면 이론의 주요개념과 구조가 머리에 들어갈 수 있도록 꾸며보았다. 기존 명리학 서적은 한문투의 개념들을 전문적으로 기술하고 있어서 관심이 있더라도 접근하기가 쉽지 않았기 때문에 가능한 한 일상의 용어를 동원해 이해하기 쉽도록 구성했다.

둘째, 많은 개념과 명제 중 꼭 필요한 것을 제외하곤 과감하게 생략했다. 처음 공부하는 사람들의 경우 무엇이 중요하고 무엇이 부차적인지를 분별하기 어려워 쉽게 포기하는 경우가 많다. 이런 난점을 해소하고자 애썼다.

셋째, 한문투의 글쓰기를 지양하고 현대의 우리말 글쓰기를 지향했다. 명리학의 고전들은 대체로 중국에서 쓰여진 것들이어서 번역서라 할지라도 중국식 어투가 많이 남아 있다. 이를 극복하고자 애썼지만 이러한 글쓰기 의도가 독자에게 얼마나 전달될 지는 자신할 수 없다.

넷째, 이 글은 명리학 전문서는 아니지만 그렇다고 가볍다고만 할 수는 없다. 명리이론을 설명한 명리학 교양서 정도의 위상으로 꾸몄다. 음양오행론으로 자연과 인생을 어떤 방식으로 접근하는지 이미지화할 수 있도록 서술했다.

다섯째, 마지막 장에 음양이론과 체질론의 관계를 소개했다. 인간은 운명과 더불어 몸에 대한 이해가 깊어질 때 자신과 타인에 대한 이해도 깊어진다. 체질론은 또 다른 시각에서 인간을 이해할 수 있는 틀이다. 또 체질론을 통하여 음양론을 깊이 있게 접근하는 것이 가능하다.

한국 사회는 이제 공동체적 가치는 붕괴되고 치열한 경쟁을 강조하는 고단하고 팍팍한 피로사회가 되었다. 개인은 많은 사람들에게 둘러싸여 있고 수많은 정보를 주고받지만 정작 자신의 삶이나 고민을 털어놓을 수 있는 스승, 선배, 벗을 찾기가 어려워졌다.

미국 사회학자 데이비드 리즈먼이 말한 대로 '고독한 군중'의 일원이 되었다. 명리학을 통하여 자기의 내면을 들여다보고 타인과 영적 소통을 강화하기 바란다.

책이 나오기까지 많은 사람들의 도움을 받았다. 사회디자인연구소 김대호 소장은 사무공간을 내주었고, 그로부터 '공공公共에 대한 통찰'을 듣는 것은 행운이었다.

마지막 글쓰기는 가회동의 북촌학당에서 이루어졌는데 북촌학당의 이왕재 선생과 윤여진 선생은 훌륭한 말벗이자 멘토였으며 당시唐詩에 정통한 김윤 학장은 늘 시적 영감을 주었다.

후배이자 술벗인 김선태 선생은 예시된 인물을 정리하고, 부록편, 우주 탄생 시나리오와 생명 기원설을 기술하는데 큰 도움을 주었다. 더불어 김용철 화백에게 고마움을 표한다. 화백의 삽화는 이 글에 생기를 불어넣어 주었다. 굿플러스 이재교 대표와 박자영 편집장의 배려는 결정적이었다. 책 만들기에 장벽이 생길 때마다 이를 넘어갈 수 있는 조언을 주었다. 모두에게 감사하다.

2015년 2월 종로 북촌학당에서 저자 씀

차례

머리말 04

차례 10

1부 역학의 몇 가지 전제

1 천문으로 본 인문 17
2 인간의 불완전성 19
3 미래를 알고 싶은 욕망 21
4 예측할 수 없는 운명 24
5 중용의 길 26

2부 음양오행론의 운명론적 해설

1 천간론 | 열개의 운명코드 31
  ·· 갑 | 당신은 이상주의자 36
  ·· 을 | 끈기와 생명력의 화신 42
  ·· 병 | 열정으로 타오르는 광기 48
  ·· 정 | 따스함과 배려의 멘토 54
  ·· 무 | 중후하고 관대한 지리산 60
  ·· 기 | 규칙성과 일관성의 소유자 66
  ·· 경 | 빠른 결단과 굳건함 72
  ·· 신 | 진주처럼 빛나는 영롱한 빛 78

··· 임 | 장강대하의 유연함 ···································· 84
··· 계 | 고독에 침잠하는 자존 ································ 90

2 지지론의 적용 | 세 유형의 기질 ·························· 96
··· 역마기운 | 한 곳에 머무를 수 없는 현대판 노마드 ····· 99
··· 도화기운 | 매력과 끌림의 DNA ························· 103
··· 화개기운 | 본원적 물음을 가진 사색가 ················ 107
··· 도화+역마 | 끼로 무장한 유랑극단 ···················· 111
··· 화개+역마 | 원행을 마다하지 않는 구도자 ··········· 113
··· 도화+화개 | 성찰을 토해 내는 부흥사 ················· 115

3 육신론의 적용 | 여섯 신들의 열국지 ···················· 118
··· 식신 상관 | SNS로 넘쳐나는 자기표현의 시대 ······· 124
··· 정재 편재 | 시대의 주인이 된 돈 ························ 128
··· 가구 재산과 소득 | 우리는 어디에 있나 ·············· 135
··· 정관 편관 | 직장 생활의 피날레인 승진 ··············· 139
··· 정인 편인 | 공부의 신 ······································ 145
··· 비견 겁재 | 좋은 친구는 행복의 필수조건 ············ 149

3부 원리론

1 음양론 | 빛과 어둠이 만드는 우주쇼 ···················· 155
··· 동서양의 우주발생론과 명리학의 우주관 ············· 155
2 음양론 해설 | 만물에 스며있는 음과 양 ··············· 159

차례

3 오행론 | 다섯가지 기운의 파노라마 163
- 오행이란 무엇인가 163
- 오행의 상생 상극 167

4 십간십이지론 | 10개의 인생코드와 땅의 기운 170

4부 음양오행과 운명론

1 사주와 대운 뽑는 법 177
2 운명론의 몇 가지 간단한 공식 180
- 간합 | 天干의 合 180
- 삼합 방합 육합 三合 方合 六合 182
- 각종 부딪침 | 형 충 파 해 원진 刑 沖 破 害 怨嗔 185
- 짝이 없음 | 공망 空亡 189
- 여러가지 살 | 양인살 괴강살 화개살 역마살 도화살 190

3 육신론 | 운명의 매트릭스 194
- 음양오행과 육신론 194
- 음양오행과 육친론 198
- 육신의 명리학적 의미 199
- 육신론과 지장간 | 지지에 스며있는 천간 207

5부 음양오행과 체질론

1 동서양의 체질론 213

2 식물에 나타난 음양오행 220
3 동물에 나타난 음양오행 228
4 사상체질과 음양오행 233
 ·· 외형으로 본 구분 234
 ·· 신체 내부의 장부관계 238
 ·· 질병의 발생구조 242
 ·· 약원병 ㅣ 약으로 인해 생기는 병 245
5 섭생의 원리 247
 ·· 건강이란 무엇인가 247
 ·· 물 공기 햇빛 운동 수면 249
 ·· 어떻게 먹을 것인가 253

부록

·· 사주 보는 사람들은 어떤 사람들인가? 268
·· 좋은 사주로 태어나면 인생의 고민이 없을까 270
·· 사주와 부적 272
·· 초보적인 풍수이해 274
·· 가족관계 275
·· 현대 과학이 말하는 우주 탄생 시나리오 278
·· 생명의 기원설과 음양이론의 만남은 가능한가? 281
·· 꼭 알아야 할 한자 285
·· 참고문헌 286

1부

역학의 몇 가지 전제

천문으로 본 인문

인간의 불완전성

미래를 알고 싶은 욕망

예측할 수 없는 운명

중용의 길

1
천문으로 본 인문

운명학에는 천인감응론天人感應論, 즉 "하늘에서 이루어진 것이 땅에서 이루어진다"는 사상이 내재해 있다. 이때 하늘은 동양적 의미의 하늘이다. 우주만물을 키우고 운용하는 음양기운陰陽氣運이 해와 달과 별을 낳는다. 별들의 움직임은 목·화·토·금·수 등 다섯 가지 기운으로 정해지는데, 이를 오행五行이라고 부른다. 오행은 열 개의 하늘기운인 십간十干과 열두 개의 땅기운인 십이지十二支로 발전하여 만물의 생장과 소멸을 주관한다. 음양·오행·10간·12지는 기氣의 변화를 다양한 측면에서 본 개념이다.

음양기운이 사람에게 투사되면 그 기질을 좌우함으로써 인생항로에 영향을 미친다는 이론 곧 운명론, 또는 역학이다. 출생하는 연월일시에 인생의 코드가 부여된다는 것으로, 이런 주장을 입증하기란 쉽지 않아 미신으로 치부되기도 한다. 과학적으로 증명할 수 없는 것들을 미신이라고 폄하하기는 쉽지만, 과학적으로 증명할 수 없는 모든 것들을 미신이라고 단정하기도 쉽지 않다. 이런 점에서 운명론의 과학성 여부는 신의 존재 유무를 증명하는 것 만큼이나 힘들다. 물론 과학성이 모든 이론의 기준이 될 수도 없다.

유사 이래 동서양을 막론하고 인생에는 일정하게 예정된 코스가 있으며 이를 해석할 수 있는 방법이 있다고들 믿었다. 이러한 믿음은 점성술, 주역, 명리학, 구성법 등 다양한 이론으로 나타났다. 이를 바탕으로 한 개인의 과거와 현재를 해석할 수 있으며 미래를 예측할 수 있다고 믿었다.

운명이론은 예측결과의 타당성 여부에 관계없이 인간 삶의 다양한 측면을 상상하고 해석하는데 일정한 틀을 제공했다. 그래서인지 운명론은 산업으로까지 발전하여 2010년 현재 시장규모 3~4조원, 종사인구 30여만명, 매니아 약 100만명 정도에 이른다는 기사〈세계일보 2013.12〉까지 나오고 있다.

빠르게 변모하는 현대사회에서 인간이 시대 흐름에 적응하여 살아가기 어렵게 되었고 삶의 불안정은 더욱 높아졌다. 종교나 인문학이 고독하고 불안정한 현대인들에게 개인과 사회를 해석하여 심적 평화와 안식을 주기도 한다. 그렇다 해도 자신의 운명과 사회적 역할에 대한 사람들의 관심은 여전하다. 운명론은 사람들의 그런 관심에 부응하기에 적절한 개념과 이론틀을 제공하고 있다.

2
인간의 불완전성

운명론에 깔려 있는 전제 중의 하나는 '인간은 완전하지 않다'는 것이다. 근대 이래 산업혁명과 더불어 발전한 과학과 기술 덕분에 신의 영역이었던 '알 수 없는 세계'는 더욱 축소되었다. 인간의 이성은 승리를 거듭해 '신은 죽었다'고 선언하기에 이르렀다. 전지전능했던 신을 대신해 인간이 이성을 바탕으로 완전한 존재가 될 수 있다는 믿음은 커졌고, 인간이 만들어낸 각종 사상과 제도는 종종 열광을 불러일으켰다.

그러나 그런 자신감이 광기를 불러일으켜 집단적인 움직임으로 발전하여 1, 2차 세계대전과 수많은 국지전을 낳았다. 과거 신의 이름으로 진행되었던 전쟁과 파멸은 인간이 만들어낸 진영과 이념의 이름으로 더욱 증폭되었다. 개인들 사이의 만남도 그렇다. 자기의 완벽성을 내면화할수록 타인을 받아들이는데 인색하게 된다. 사실 민주주의는 그 밑바탕에 사회를 구성하는 모든 개인은 개별로서는 불완전하다는 자각이 깔려있다. 아무리 탁월한 개인도 절대적 완벽성을 체현하기는 어렵다. 이러한 자각은 차이를 인정하고 다양성을 존중하는 시대정신을 낳았다.

운명학에서 보는 개인은 행과 불행, 장점과 단점이 혼재해 있는 불완전한 존재다. 누구든 명예와 권력, 부와 행복한 가정, 우정 등 모든 것들을 동시에 가질 수는 없다. 극소수를 제외하고 권력과 돈이 있으면 우정과 신뢰가 없다. 인간으로서 완벽하고 절대적으로 탁월한 개인은 없다. 운명론적으로 말한다면 사주팔자四柱八字안에 목화토금수木火土金水 기운을 조화롭게 갖고 태어나기란 원천적으로 불가능하기 때문이다.

성공한 사람일지라도 반드시 그늘이 있게 마련이고 남이 알 수 없는 난관과 슬픔과 고통이 있다. 이렇듯 '개인은 불완전하다'는 자각은 자연과 인간에 대해 겸손한 태도를 갖게 하고, 인생에 대해 넓고 깊은 성찰을 유도한다. 운명학은 이런 면에서 매우 유의미하다.

3
미래를 알고 싶은 욕망

　미래를 알고자 하는 인간의 욕망은 유사 이래 계속되어 왔다. 나의 미래는 어떻게 될 것인가? 혹은 가족의 미래가 어떻게 될 것인가? 만약 재앙이 시작된다는 점괘가 나온다면 어떻게 막을 것인가? 또는 좋은 점괘가 나온다면 어떻게 발전시킬 것인가? 이에 대한 사유의 결과물이 운명론이다.

　사람들이 운명론적 판단에 주목하는 이유는 '운명론에 따른 예측이 맞았던 사례'가 다수 존재했기 때문이다. 만일 예측결과가 100% 엉뚱한 결론으로 귀결되었다면 사람들의 관심을 끌지 못해 역사 무대에서 사라졌을 것이다. 운명론이 '미신'이라는 모욕을 받아왔지만, 그 생명력이 지속되고 광범위한 대중들 속에 파고 든 것은 사람들의 이목을 끄는 무엇인가가 있었기 때문이다. 운명론을 미신으로 치부하는 사람들 대부분이 운명론의 이론적 토대에 대한 지식이 전혀 없다. 자신이 전혀 모르는 부분에 과도한 판단을 내리는 셈이다. 여기에는 20세기 이후 현대과학에 대한 지나친 맹신도 한몫을 차지한다.

미래를 판단하는 일은 매우 어려운 일이다. 예를 들어 미래학은 인류의 거시적인 미래 모습을 보여주지만 이러한 미래상이 실재와 얼마나 유사할지 확신하기 어렵다. 그렇다 할지라도 미래학의 유용성이 떨어지는 것은 전혀 아니다. 마치 경제분석이 종종 실제와 다르더라도 그 분석의 필요성이 사라지지 않는 것처럼 말이다.

직업 중 예측이 직업적 특성인 경우가 있다. 벤처투자자가 그런 경우인데 내가 아는 벤처투자기업 회장으로부터 예측과 관련하여 흥미로운 분석을 들은 적이 있다. 벤처기업이 경제산업계의 주요 이슈가 되었던 당시, 이분은 〈한글과 컴퓨터〉를 비롯하여 약 300여개의 기업에 투자하고 있었다. 벤처투자기업은 경영학 박사, 변호사, 회계사 등 많은 인재들을 동원하여 많은 아이템을 선별하는데 대개 10개 아이템 중 하나를 선택했다.

그 후 100개 아이템에 투자하면 이중 약 70%는 1년 내에 회사형태만 유지할 뿐 거의 의미 없는 기업이 되었다. 나머지 30%만 유의미한 기업으로 남게 되는데 그중 20%는 수익은 나지 않고, 투자원금 정도만 챙기는 수준이 된다고 증언했다.

나머지 10% 중 약 7%는 대략 두 배에서 다섯 배 정도의 수익을 내줌으로써 전체 투자의 일부를 건지게 했다. 마지막 약 3%만이 대단한 수익률을 가져다 주어 벤처자본의 유지가 가능할 수 있도록 이익을 남겨주었다. 요약하자면 수많은 인재들이 현대의 경제학, 경영학, 법률학, 회계학 등 첨단 분석기법을 동원했음에도 결과는 약 3/1000정도의 확률로 대박을 터트리는 셈이었다.

당시 그분에게 다음과 같은 질문을 던졌다. "확률이 아주 낮은데 투자 선택의 최종적인 기준은 대체 무엇인가?"라고. 그 분의 답은 '감'과 '느낌' 이었다. 실로 여러 사회과학을 동원해 모든 것을 분석한 후 판단하는 그 분 말치고는 아주 어이없는 대답이었다. 그러나 이것이 진실이다. 미래를 예측하고자 하는 욕망이 많은 분석기법을 만들어 내지만 모든 것이 불충분할 뿐이다.

4

예측할 수 없는 운명

　심리와 성격을 연구하는 현대심리학적 분석은 어떨까? '성격이 운명'이라는 말이 있다. 성격에 대한 분석을 기초로 학과와 진로를 결정하는 테스트가 유행하고 있다. 체계적으로 엄선된 순서에 따라 여러 유형의 설문에 답한 결과를 종합판단한 심리학적 분석도 한 개인의 성격과 심리를 진단하기에 그다지 완전하지 않다. 심리학계에 따르면 현대심리학에 기초해 분석한 결과물도 30~40%의 수준에서만 조사에 응한 사람을 파악할 수 있을 뿐이다.

　운명론적 진단은 어떨까? 오래전 운명감정을 직업으로 하는 십 수 명이 명리학 세미나를 진행한 적이 있었다. 이들은 명리학(사주학), 당사주, 주역, 관상, 타로, 일본의 구성법 등 다양한 장르의 운명 감정가들이었다.

첫 번째 주제가 "운명론으로 개인의 운명을 얼마나 맞출 수 있는가"였다. 나이가 가장 어렸고, 유일하게 아마추어였던 나는 그들의 토론이 매우 흥미로웠다. 장시간 토론 후 다음과 같은 결론을 내렸다. 10년 이상 업계에 종사한 수준 높은 운명 감정가들의 경우 당사주, 주역, 구성법, 명리학 등 분야에 관계없이 대체로 감정인들의 70% 정도를 실제의 삶과 유사하게 진단한다. 30%는 어떤 경우든 완전히 오류다.

다시 말하면 "100명을 진단할 경우 30명은 완전히 알 수 없다고 봐야 한다"고 결론지으며, "명리가의 컨디션이 떨어지는 경우 오류일 확률은 높아진다"고 결론지었다. 즉, 같은 사람이 동일한 사람을 감정한다 하더라도 그 결과는 운명 감정가의 컨디션에 따라 달라질 수 있다는 것이다. 이것은 자명하다. 아무리 훌륭한 선생이라 할지라도 자신의 컨디션에 따라 교수의 질이 달라지는 것처럼.

아무튼 당시의 참석자들이 자신들에게 애써 유리하게 판단하였다고 하더라도 첫 번째 주제에 대한 답에는 경험적 진실이 있었으리라 생각된다. 그 진단과 예측 내용의 진위여부와 확실성을 논외로 하더라도 운명론이 인생을 보는 중요한 수단을 제공한다는 사실을 부인할 수는 없다. 자신의 운명을 정면으로 논하는 과정에서 자기운명에 대한 많은 성찰이 따르기 때문이다.

5

중용의 길

 운명론 그중 명리학적 해석 방법에는 중용의 관점이 깊이 녹아 있다. 명리학은 우선 자신의 운명코드 안에 음양 및 오행의 기운이 어떤 방식으로 배치되어 있는지를 살핀다. 양이 우세한지 음이 우세한지, 주체가 우세한지 객체가 우세한지, 찬지冷 따뜻한지溫 마른지燥 습한지濕 등등을 살펴 넘치거나過 부족함不及을 판별한다.

 그런 연후에 과한 경우는 과한 것을 감소시키는 기운이나 견제하는 기운을 찾아 균형점을 찾아낸다. 부족한 경우에는 부족함을 보강해주는 기운을 찾아내 균형을 이루게 한다. 균형을 이루게 하는 힘을 명리학에서는 용신用神이라고 부른다.

 만일 사주상에 명예, 규칙, 규율을 준수하는 성정이 지나치게 강하다면 탄력성이 없는 사람이라 본다. 이런 사람이라면 쓸데없는 규정까지 들먹여 주위사람을 피곤하게 만들어 궁극적으로 일이 진행되는 것을 방해할 수 있다. 이런 사람은 평소 삶에서 유연성을 기르는 수양을 하는 것이 좋을 것이다. 어떤 사람은 자유분방함이 흘러넘친다. 즉 도화기운이 흘러넘쳐 사람들을 즐겁게 하지만 이것이 과하면 무례함으로 비치게 된다. 만일 이런 기운이 자기의 운명코드에 있다는 것을 자각한 사람이라면 이를 극복하는 노력이 가능할 것이다.

고려대 최상룡 교수는 〈중용의 정치사상〉에서 "동서양의 공통된 중용의 정의는 과過 불급不及이 없는 것인데 이 중용 개념이 만들어지기 이전, 고대 중국에서는 중中의 개념을 중시했고 고대 그리스의 델파이 신전에는 '도度를 넘지말라'는 경구가 각인되어 있었다"고 말했다.

인간이기에 과할 수도 있고 불급할 수도 있지만 양극보다 그 양극 사이에 존재하는 다양한 가능성에 착안하는 것은 어쩌면 당연한 귀결이다.

2부

음양오행론의 운명론적 해설

천간론 열개의 운명코드

세 유형의 기질

육신론 여섯 신들의 열국지

1

천간론 열개의 운명코드

사람들은 자신의 심리와 성격을 이해함으로써 자신과 인생에 대해 넓은 시야를 가지려고 오랫동안 노력해왔다. 심리와 성격을 들여다보고 싶은 열망은 현대에 들어와 생리학, 심리학, 정신분석학 등의 발전으로 이어져 과학적인 시각을 확장하고 있다. 헤라클레이토스가 말했던가. "성격은 운명이다Charater is destiny"라고.

가령 콜롬비아 대학 정신과 교수로 인지치료 전문가인 제프리 영은 누구든지 어린 시절 상처로 인해 형성된 '인생의 덫'이 있다며 이를 변화시킴으로써 개인적인 비전을 창조할 수 있다고 역설한다. 또 대부분의 사람들이 각자 가지고 있는 인생의 덫을 죽을 때까지 안고 간다며 '새로운 나'를 찾기 위해서는 그가 말한 열한 가지 덫을 직시할 것을 권유한다. 버림받음, 불신과 학대, 정서적 박탈감, 사회적 소외, 의존, 취약성, 결함, 실패, 종속, 가혹함, 특권의식 등에 의한 덫이다.

　서양의 현대심리학과 아울러 동양에서 발전되어 온 역학(명리학)은 또 다른 전통에 서서 한 인간의 운명과 성격을 살펴보는 치밀한 논리의 틀을 발전시켜왔다. 인간관계, 부, 권력, 일, 인생사의 길흉 등 인생사 전반에 걸친 개념구사와 논리틀은 그 깊이와 오묘함에서 절대 서양 심리학에 떨어지지 않는다. 오히려 다루는 영역이 너무 광범위하여 개념과 논리틀의 타당성이 의심되기도 하지만 수 많은 동양인들은 그 논리틀을 활용하여 인생의 특질과 경로를 탐색해 왔다.

　동양명리학의 관점에서 모든 사람은 인생의 코드를 갖고 있다. 열개의 하늘기운 즉 십간 중 하나로 한 개인의 특징이 결정되었다고 보았다.

　이를 도표화하면 다음과 같다.

甲갑	乙을	丙병	丁정	戊무	己기	庚경	辛신	壬임	癸계
木목	木목	火화	火화	土토	土토	金금	金금	水수	水수
+	-	+	-	+	-	+	-	+	-

1.　갑을병정甲乙丙丁 즉, 목화木火는 양권陽圈이다.
　　경신임계庚辛壬癸 즉, 수금水金은 음권陰圈이다.
　　무기戊己 즉, 토土는 중화中和의 기운이다.

2. 오행 즉 목화토금수는 각각 음양으로 나뉘어져 있다.
　　목은 양목인 갑과 음목인 을로
　　화는 양화인 병과 음화인 정으로
　　토는 양토인 무와 음토인 기로
　　금은 양금인 경과 음금인 신으로
　　수는 양수인 임과 음수인 계로

3. 십간은 각각 음양과 오행의 특성을 갖고 있다.
　　갑은 양기운을 가진 목이고,
　　을은 음기운을 가진 목이고,
　　병은 양기운을 가진 화이고,
　　정은 음기운을 가진 화이고,
　　무는 양기운을 가진 토이고,
　　기는 음기운을 가진 토이고,
　　경은 양기운을 가진 금이고,
　　신은 음기운을 가진 금이고,
　　임은 양기운을 가진 수이고,
　　계는 음기운을 가진 수이다.

그렇다면 자신의 인생코드를 어떻게 찾을 수 있을까. 포털에 들어가 〈사주풀이 도우미〉나 〈인터넷 만세력〉 사이트를 검색해보면 생년월일시와 성별을 구분하여 기입하는 코너가 있다. 거기에 자신의 생년월일시를 적어보라. 그러면 다음과 같은 창이 뜨는데 아래 도표의 위표에 나타나는 여덟글자를 사주팔자四柱八字라고 부른다.

【예: 김OO/남/1990년 10월 10일/오전 10시10분】

時	日	月	年
丁	戊	丙	庚
巳	申	戌	午

대운	甲午	癸巳	壬辰	辛卯	庚寅	己丑	戊子	丁亥
	79	69	59	49	39	29	19	9

즉 네개의 기둥에 여덟 글자라는 뜻이다. 자신이 태어난 연월일시를 60갑자로 표현한 것이다. 다음으로 10년 단위로 숫자가 적혀있는데 이를 대운大運이라고 말한다. 위의 사례로 살펴본다면 연주年柱 월주月柱 일주日柱 시주時柱가 있는데 일주 즉 일기둥의 위에 있는 무戊가 김OO의 인생코드이다.

몇 개 사례를 보면서 익혀보자. 여자가수 이효리가 태어난 날은 네이버 인물정보 자료에 따르면 1979년 5월 10일이고 시간은 기록이 없으니 오전 11시로 가정하자. 그러면 사주팔자도우미에서 위의 방식대로 연월일시를 기입하면 다음과 같다.

【이효리/여/양력 1979년 5월 10일/오전 11시】

時	日	月	年
乙	丁	己	己
巳	丑	巳	未

대운	丁丑	丙子	乙亥	甲戌	癸酉	壬申	辛未	庚午
	79	69	59	49	39	29	19	9

다음은 남자축구 감독 홍명보가 태어난 날은 네이버 인물정보 자료에 따르면 1969년 2월 12일이다. 시간은 오전 11시라고 가정하자. 위의 방식대로 연월일시를 기입하면 다음과 같다.

【홍명보/남/양력 1969년 2월 12일/오전 11시】

時	日	月	年
丁	戊	丙	己
巳	午	寅	酉

대운	戊午	己未	庚申	辛酉	壬戌	癸亥	甲子	乙丑
	72	62	52	42	32	22	12	2

이를 보면 이효리는 정丁 인생코드이고 홍명보는 무戊 인생코드이다. 위의 설명에 따르면 이효리의 인생코드는 정丁, 오행으로는 화火, 음양으로는 음이다.

반면 홍명보의 인생코드는 무戊, 오행으로는 토土, 음양으로는 양이다. 이를 줄여서 이효리는 정화丁火의 인생코드를 가졌고, 홍명보는 무토戊土의 인생코드를 가졌다고 말한다.

이런 방식으로 자신과 주변사람들의 인생코드가 무엇인지 찾아보자. 그 후 1장의 세부내용을 숙독한다면 훨씬 흥미있는 책 읽기가 될 것이다.

갑론 甲論 | 당신은 이상주의자

갑목甲木은 거목이어서 우뚝 솟아 있다. 그 사람이 리더가 아니라도 묘하게 눈에 들어온다. 갑목 인생코드는 자존심이 세고 나서기 좋아하고 우두머리가 되고 싶어하며 봄날의 새순처럼 돋보인다.

스스로가 봄날의 새순인지라 새로움에 민감하고 도전을 좋아하기에 모험적인 일도 마다하지 않는다. 그들에게는 이상주의적인 면모가 있는데 여름날 미루나무 꼭대기에 걸려있는 흰 구름처럼 환상적인 측면도 있다.

독일 총리 앙겔라 메르켈, 축구 스타 리오넬 메시, 전 쿠바 국가평의회 의장 피델 카스트로, 시인 김수영, 전설의 프랑스 가수 에디뜨 피아프, 한국의 소프라노 조수미. 이들이 주는 첫 인상은 뚜렷함이다.

독일 총리 앙겔라 메르켈에게는 여러 수식어가 따른다. 따뜻한 보수주의자인 그녀는 독일 최초의 여성 총리이자 동독 출신 첫 총리이며, 독일 최초의 과학자 출신 총리로 정치감각과 수완이 뛰어나고 배포도 커서 '독일의 마거릿 대처'로 불린다. 그녀는 기민당 최초의 여성 당수로 2005년 총선에서 기독교사회연합을 이끌어 집권 독일사회민주당에 박빙의 승리를 거둔다. 그 후 좌우연립을 구성하면서 총리로 선출되었다.

아르헨티나 출신 리오넬 메시가 보여주는 창의적인 플레이는 환상적이다. 그가 보여준 전적은 화려하여 말하기 좋아하는 사람들은 역대 축구 선수 중 최고라고까지 극찬한다. 축구 황제 브라질의 펠레와 축구의 신 마라도나까지 넘어 선다니. 갈수록 더 정교해지고 파워풀해 지는 현대 축구를 염두에 둔다면 그런 찬사도 과하지 않을 듯하다.

이렇듯 갑목 인생코드가 보여주는 모습은 이상주의적이다. 피델 카스트로가 보여주는 사회주의적 열정과 김수영이 보여주었던 언어는 시대의 표상을 최고도로 보여 주었는데, 전후 프랑스인들의 감성을 위로했던 에디뜨 피아프나 현대 한국인들의 피로감을 달래주는 조수미도 그런 이미지의 사람들이다.

내가 아는 갑목 인생코드의 어떤 사람은 잘 생겼고, 대입시험에서 최상위 점수를 얻어 소위 좋은 대학에 합격했다. 그는 자존심이 강해 늘 주도적인 면모를 보였다. 머리도 좋고 새로운 것을 익히는 데도 비상한 재주를 갖고 있어서 영어, 불어 등 7개 국어를 구사하고 있다. 그는 동기들 사이에서 늘 선두주자였고 승진도 가장 먼저하곤 했다. 하지만 자존심과 고집이 센 탓에 상사들과의 의사소통에 문제가 있어서 이를 고민하곤 했다.

S그룹 비서실 출신 모 건설회사 사장이 있다. 임원으로 승진하기 전 자기 비즈니스를 시작했다. 문제가 없는 한 이런 직장을 그만두기란 어렵다. 그는 현실의 좋은 직장보다 미래의 자기 비즈니스에 마음이 끌려 회사를 차리게 된다. 이 유형의 사람들은 좋은 직장도 갑자기 때려치는 기질을 갖고 있다. 이상적인 성향과 자존심, 새 것에 대한 열망이 어우러진 결과이다.

갑목의 특징은 어떤 것들이 있을까? 우선 두드러짐이다. 초봄을 연상해 보라. 목련이나 벚꽃처럼 잎이 나기 전 먼저 꽃을 피우는 나무들이 있다. 이들은 거친 겨울을 견디고 맨 먼저 봄을 알리는 전령들이다. 그중 목련은 너무 화사한 나머지 마을 풍경을 완전히 바꿔 놓는다.

우뚝섬이다. 은행나무와 같다. 은행나무는 다른 나무와 달리 곧고 힘차게 가지를 뻗는데 중심 기둥을 곧게 세우고 가지를 대칭으로 뻗어 그 기상이 대단하다. 갑목 인생코드의 사람들에게는 우뚝 선 기상이 있으며 우두머리를 지향하는 기질이 있다. 실제 조직의 리더가 아니라도 그러한 성향이 다분하다. 용모도 대체로 준수하다.

만일 그가 봄에 태어난 사람이라면 이런 면모는 더욱 두드러진다. 강인하고 뿌리가 튼튼하여 이론적인 논쟁을 즐기고 개념적인 사유에 능하며 배우고 익히는 것을 즐거워한다. 자존심이 세서 남에게 아쉬운 소리를 하지 않으며 굽히는 것과 지는 것을 싫어한다. 이런 내적 성향이 겉으로 드러나면 남에게 멋있어 보이는데 관심이 많고 입고 다니는 패션도 유행에 민감하다.

갑목 인생코드가 여름에 태어나면 강인한 모습은 다소 완화되고 화려한 모습으로 바뀐다. 마치 초목이 여름이 되면 잎이 무성해지고 줄기가 튼튼해지듯 풍성하고 검붉은 장미와 같이 뇌쇄적인 모습을 띠기도 한다. 그래서 갑목 인생코드가 여름에 태어나면 유명한 연예인으로 성장하는 경우가 많다. 태양 아래 빛나는 플라타너스라면 어떨까? 쭉쭉 뻗은 줄기며 넓은 잎사귀는 불타는 여름의 왕자다.

갑목 인생코드가 가을, 겨울에 태어난다면 서늘함과 차가움에 잘 단련된 재목이 된다. 동해변에 늘어선 해송을 보라. 시퍼런 솔잎에 하늘로 치솟아 오른 모습이 재목으로 훌륭하다. 만일 사주상에 갑갑甲甲이 있다면 군목群

木 즉, 무리지어 있는 나무로 재목들이 어깨걸고 있는 상이다.

　이런 이에게 절제와 원칙을 잘 준수하는 성향이 있다면 좋은 인재가 된다. 갑목 인생코드는 타고난 DNA 그대로 굽히기 싫어하는 반골 기질이 있어서 불이익을 당하는 경우도 많고 리더가 아닐 경우 리더로부터 경원시 당하는 일도 빈번하다.

　장점이 곧 단점이 된다. 우뚝 서고 싶은 자존심이 현실 속에서 채워지지 않으면 크게 상처를 받는다. 심해져 좌절하면 그 심연에서 헤어나질 못한다. 반면 갑목 인생코드는 공부하기를 좋아하고 새 것을 찾아나서는 데 익숙하다.

　그러므로 공부를 하고 자신을 성찰함으로써 위기를 극복해야 할 것인데 종교적인 지향과는 다소 거리가 있다. 이들은 겉으로 외향적인 것처럼 보이고 어떤 일이든 급하게 뛰어드는데 이것이 단점이다. 극복 방법이라면 자기 자신을 잘 아는 것이리라.

　이들에게 맞는 일이라면 학자, 교육자, 의료인, 문화예술인, 법조 책임자 업종으로는 목재업, 건축업, 컴퓨터, 벤처기업, 신기술 등이 있다. 만일 갑목 인생코드가 공부를 계속한다면 이공계보다는 문과에 어울린다.

　갑목 인생코드는 을목 인생코드를 가진 사람과의 관계에서 신중을 기하는 것이 좋다. 을목인 넝쿨식물은 곧게 서있는 교목이나 관목인 갑목을 타오른다. 넝쿨나무에 휘감겨 있는 답답한 모습이 될 수 있다. 또 갑목은 물水이 많은 사주가 좋지 않다. 사주상에 물이 많다면 물 위에 떠다니거나

물에 부풀어 썩는다. 그렇다면 물을 제압할 수 있는 토土가 좋은데 특히 무
토戊土 인생코드를 가진 사람과 벗을 삼는 것이 좋겠다.

을론 乙論 | 끈기와 생명력의 화신

을목을 인생코드로 가진 사람들을 떠올린다면 그들은 바람에 눕지만 꺾이지 않는 풀과 같다. 들판에 핀 야생초처럼 어느 곳에서도 잘 살아간다. 질긴 생명력이 있다. 담쟁이넝쿨은 벽에 붙어 꾸역꾸역 담을 타고 올라가 언젠가는 담을 다 덮어버린다. 을목 인생코드는 끈기의 화신이다. 바람을 타고 나는 새처럼 바람 즉 소식에 민감하다.

김대중 전 대통령, 성철 스님, 교포사업가 손정의, 영국의 다이애너비, 미국의 전 대통령 빌 클린턴 등을 들 수 있다.

영국의 황태자가 청순함에 반해 평생의 반려자로 맞았던 다이애너 스펜서가 을목 인생코드의 사람이었다. 그녀는 영국의 귀족가문 스펜서 백작의 막내딸로 태어났지만 황태자와의 결혼 생활은 순탄치 않았다. 그녀는 바람 속의 갈대처럼 왕실과 여론 그리고 연인들 사이에서 흔들리는 삶을 살았다.

또 세계적인 인물로 미국의 전 대통령 빌 클린턴을 들 수 있겠다. 유복자로 태어나 의붓아버지 밑에서 유년시절을 보냈던 클린턴은 미국의 평범하고 보잘것없는 가정에서 태어났다. 하지만 그는 예민하고 섬세하지만 부러지지도 휘어지지도 않고 바람따라 수없이 흔들리는 갈대처럼 굽히지 않는 의지력의 소유자였다.

그는 수없이 많은 돈 문제와 여자 문제로 세간의 입에 오르내렸고 급기야 1997년 백악관 여직원 르윈스키와의 성추문으로 탄핵에까지 이르렀으나 기사회생했다. 그는 잡초와 같이 질긴 생명력으로 재임기간 내내 미국

을 호황으로 이끈 대통령으로 인정받았다. 퇴임후에도 오라는 곳도 많고 갈 곳도 많은 인기스타다.

　을목은 들풀이다. 시인 김수영은 시 〈풀〉에서 풀을 비를 몰아오는 동풍에 나부껴 풀은 눕고 드디어 울었다고 했다. 바람보다도 빨리 눕고 바람보다 먼저 일어난다고 했다. 바람보다 늦게 울어도 바람보다 먼저 웃는다고 했다. 을목은 가녀린 듯하지만 오히려 거목보다 질기다. 칡순이 뿌리를 내리면 어느새 온 산을 뒤덮는다. 온갖 풀들은 양지에서나 음지에서나 제 처지에 맞게 잘 자란다. 적응력이 있다.
　이들에게는 반드시 빛과 물이 필요하다. 빛은 화火이고 물은 수水다. 숲 속에서도 나무 사이로 헤집고 들어오는 빛이 필요하며 봄비 같은 물이 있어야 한다. 을목은 화초이다. 들녘의 개나리, 진달래, 모란, 장미, 코스모스고 겨울날 화원 속에 가꿔지는 화초다.

　을목은 바람이며 새이다. 을乙이 한자사전에 새라는 뜻으로도 풀이되어 있다. 초봄이 지나면 바람이 분다. 동남풍은 초목을 흔들고 만물에 바람을 집어 넣는다.
　바람타고 날아온 봄의 제비는 남녘으로부터 봄소식을 날라온다. 그 바람에 풀과 나무는 흔들리고 바람은 초목에게 시련이 되어 뿌리를 깊게 내리게 한다. 바람은 소식이고 희망이지만 시련이기도 하다. 봄바람에 흩날리는 민들레 꽃씨는 희망을 싣고 들로 산으로 멀리멀리 날아간다.
　을목 인생코드를 가진 사람들은 정보에 민감하다. 모 신문사 후배기자가 그런 사람인데 그는 어디서 얻어오는지 알 수 없는 희한하고 귀한 정보를 아주 잘 가져온다. 기자들이 바글거리는 신문사에서 뭔가 막히는 정보라면 그에게 요청한다. 그러면 그는 알 수 없는 방식으로 그 정보를 가공해 가지고 온다.

이런 사람들은 경찰, 검찰, 언론사, 방송사 등의 기자 및 정보관련 부서 혹은 기업의 대관업무 및 홍보업무 등에 적격일 듯하다. 아니면 케이블티비나 인터넷 쇼핑몰의 MD(상품을 소싱하는 업무)처럼 온갖 상품을 헤집어 선택해야 하는 직업에도 제격이다.

모 회사의 김 부장도 을목 인생코드로 끈기와 생명력의 화신이다. 그는 특별히 눈에 띌 것이 없는 신입사원이었다. 입사성적도 학연도 지연도 특별할 게 없는데, 장점이라면 정보수집과 끈기였다. 정보와 끈기가 가져다주는 성과는 처음은 미약하다.

하지만 세월이 흐를수록 그 가치는 축적되어 승수효과乘數效果 multiplier effect로 나타난다. 그는 여러 부서를 옮기며 다양한 회사정보를 접하게 되면서 언제인가부터 핵심 기획부서를 이끌게 되었다. 만일 그가 한 부서에서 총애를 받아 애초부터 눈에 띄는 기대주였다면 기획총괄업무는 하지 못했을 것이다.

이렇듯 을목 인생코드는 끈기, 정보, 생명력을 그 특징으로 한다. 하지만 이들에게는 반드시 피해야 하는 함정과 천적이 있다. 우선 질긴 생명력을 가지고 있지만 예리한 칼날에는 거의 죽음과 같다. 즉 예리한 감사에 지적당하는 것, 혹은 의도하지 않았다 할 지라도 소송따위의 쌍무간 다자간 시비에 휘말린다면 을목 인생코드의 사람들은 견디기 어렵다.

산천의 초목은 거대한 태풍에는 강하지만 예리한 면도날에는 오히려 커다란 상처를 입기 때문이다. 거목은 도끼에 찍힌다 하여도 그 상처가 아물지만 풀은 예리한 면도날에 상처를 입으면 회복이 불가능하다.

이는 본질적으로 을목에 곱고 여린 측면이 있다는 것을 반영한다. 을목은 생명력은 강하지만 여린 면이 있다. 자신이 취약하다면 큰 나무에 의지해 자신을 키워야 한다. 즉 갑목 인생코드가 옆에 있다면 그의 도움을 구하는 것도 좋은 방안이다. 덩굴식물이 큰 나무에 기대어 자신의 영역을 넓히는 것처럼 말이다.

을목이 자신의 생명력을 온전히 드러내려면 빛과 물이 필요한 것처럼 이 인생코드인 사람들은 병화丙火와 계수癸水가 일간인 사람들과 좋은 관계를 유지하는 것도 좋다.

단점으로는 생명력 못지 않게 고집이 세고 자존심이 강하여 이 점들을 다스려야함을 늘 염두에 두어야 한다. 게다가 이 인생코드의 사람 중에는 독특한 이상을 추구하거나 특이한 행동을 하는 경우가 많다.

또 가을날에 태어난 을목은 마치 시든 초목과 같아서 인생이 활짝 피는 경험을 하지 못할 수 있으며 겨울날에 태어난 을목은 언땅의 초목과 같아 고난이 지속되기도 한다. 그렇다 할지라도 인내와 생명력으로 이겨내는 수 밖에는 없다.

겨울날에 태어난 을목 곁에 정화丁火가 있다면 온실속의 화초처럼 단아하고 예쁘며 순탄한 인생을 살게 된다. 을목 인생코드의 사람들은 외모도 곱게 생겼고 부드럽다. 이는 장점이자 단점이다. 장기적으로 끈기와 생명력이 있지만 단기적으로는 결단력이 부족하다. 자신이 어떤 모습을 하고 있으며 어떤 DNA를 지니고 있는지 자각하는 것, 이것이 길이다.

병론 丙論 | 열정으로 타오르는 광기

 태양계에서 중심이라면 곧 태양이다. 모든 에너지의 근원은 태양에너지다. 빈센트 반 고흐의 '해바라기'는 정열로 이글거린다. 병화를 인생코드로 가진 사람들을 표현하라면 한마디로 '열정'이라고 말할 수 있다.
 이들은 늘 열정으로 가득차 있어 매사에 화통하다. 열정이 지나치면 광폭해지고 오만을 동반한다. 간혹 허세와 광기로 들떠 있기도 하다.

 정열의 화가로 고흐를 거론하는데 별다른 이견은 없으리라. '해바라기'는 해를 바라보는 꽃이므로 꽃잎을 이글거리는 화염처럼 그리는 것이 당연하다고 하자. 그런데 그는 밤하늘에 빛나는 별조차도 마찬가지로 표현해 빛은 휘돌아가고 온갖 선들은 이글거린다. 심지어 그는 자화상이나 아몬드나무조차도 불꽃처럼 그렸다. 그에게는 주황색만이 아니고 파란색과 녹색조차도 불꽃처럼 이글거린다.

 병화 인생코드의 전형을 들라면 아마 빈센트 반 고흐일 것 같다. 그는 병화 인생코드로 추정되는데 그의 화풍이나 생애의 이미지는 신기하게도 자신의 인생코드와 일치한다. 그는 엄청난 자존심의 소유자이면서 늘 통제하기 어려운 두통과 발작에 시달렸다. 그의 강렬한 태양빛 색채도 그의 내면세계를 짓누르는 우울한 존재조건에 저항하는 몸부림이었다.
 빛과 어둠의 강렬한 대비는 처연하고 광기어린 그의 죽음과 더불어 막을 내린다. 태양빛이 감도는 노란색 밀밭을 그리려다 뜻대로 되지 않자, 친구인 고갱에게 하소연조의 편지를 쓴 뒤 권총을 뽑아들고 자신의 심장에 대

음양오행론의 운명론적 해설 49

고 쏘았다. 그리고 황급히 찾아온 동생 테오에게 섬뜩한 한마디를 남기고 세상을 떠났다. "고통은 영원하다 La tristesse durera toujours".

병화란 역학에서 사계 중 여름기운을 상징한다. 여름날 강렬한 태양이 아스팔트를 달구면 모든 것들은 폭염속에 녹아들어간다. 양중의 양이다. 음화인 정화가 은은한 촛불이나 달빛과 같다면 병화는 태양이나 활화산이다. 병화가 봄날에 등장하면 바람과 추위에 떨었던 모든 초목과 짐승들은 따스함에 감사하고 그 온기를 즐긴다.

하지만 여름날의 태양이라면 문제는 달라진다. 온 대지를 뜨겁게 달구는 태양은 모든 것을 삼킬 듯 만물을 몰아세운다. 풀도 나무도 짐승도 그 열기에 짓눌려 줄기와 근육을 늘어뜨린다.

그러나 이렇게 정열에 휩싸인 태양도 가을이 되면 만물을 여물게 하고 만물은 빛에너지를 받아들여 자신들의 과실에 담아놓는다. 겨울이라면 한 점 온기가 아쉽다. 음산한 냉기로 가득한 그늘에 한 점 빛은 실오라기 같은 목숨을 이어가게 하는 한줄기 생명이 된다. 이것이 병화의 사계다.

병화 인생코드의 사람들은 매사 열정적이어서 매우 활달하고 시원시원하다. 이들은 어떤 일을 결정할 때 거침이 없고 주저하는 바가 없어 오히려 주위사람들이 당황할 정도다. 일을 기획하는 과정에도 스케일이 아주 커 시시한 것에는 눈길도 주지 않는다. 스케일이 큰 탓에 보통사람들이 아주 힘들어 하는 것도 이들에게는 그리 힘들게 느껴지지 않는다. 미국 애플사의 창업자였던 스티브 잡스가 병화 인생코드의 사람이다.

여름에 태어난 병화 인생코드의 사람들에게 보이는 특징이다. 내가 아는 병화 인생코드의 30대 후반 여성이 있는데 그녀는 사주상에 화火(丙丁巳午)가 다섯개가 있다. 그녀가 등장하면 어떤 모임이든 아연 활기를 띤다. 그녀의 에너지는 강렬하여 함께하는 사람들을 감염시키고 들뜨게 만든다.

특히 이들은 뱀이나 말띠 해이거나 여름이 되면 화火가 솟구쳐 사방팔방으로 돌아다니곤 하는데 이는 곧 화를 식히기 위한 일환이다. 이런 인생코드를 가진 사람들은 대체로 수기水氣가 부족하여 입술이 마르고 눈이 건조해지며 종종 두통에 시달린다. 심하면 정신질환으로 이어진다.

이런 사람들에게 여행은 아주 좋은 해법이다. 뜨거운 열기를 식혀야 하는데 산보 산행은 물론 원거리 여행 모두 화를 가라 앉히는데 도움이 된다. 또 의식적으로 마음을 가라앉히는 선禪, 기도, 독서, 음악감상, 멍하니 앉아있기 등도 좋겠다. 늘 수분을 적절히 섭취하여 몸이 건조하지 않도록 유지하는 것도 화가 머리끝으로 솟구치는 것을 방지하는 좋은 방안이 될 것이다.

이전 사무실에 강한 병화 인생코드인 젊은 사원이 있었다. 그는 일을 시원시원하게 해결하여 주변의 신뢰를 쌓았는데, 늘 술을 과음하여 다음 날이면 후회하곤 했다. 술로 뜨거운 열정을 달래려고 했지만 병화가 화(술)를 마신 셈이 되었다.

그때 나는 그의 인생코드가 병화이기에 다른 방식으로 그 열기를 억제하는 것이 좋다는 충고를 한 적이 있다. 대체로 병화 인생코드의 사람들은 과음하는 경향이 있고 술자리에서도 끝까지 남아 있는 경향이 있다. 당신이 이런 사람이라면 술을 마시더라도 음기운이 많은 포도주, 보리소주, 보리나 밀로 만든 맥주, 선인장으로 만든 데낄라 등을 마시는 것이 좋겠다.

이런 성향의 사람들이 심신의 균형이 깨지면 광기가 발동하여 폭력적이고 들뜨는 성격으로 발전한다. 성인의 경우는 가정폭력으로 발전할 수 있어 지나친 열정을 제어하는 다양한 노력을 기울여야 한다.

어린이들의 경우는 아토피로 고생하고 조증(燥症=차분하게 있지 못하고 온 몸에 열나고 정신없이 나대는 성향)으로 주위를 산만하게 만드는 기질이 있을 수 있다. 특히 이런 어린이들에게는 음기운이 많은 음식을 섭취시켜 성정을 차분하게 유지해주면 좋다.

병화 인생코드인 사람들에게 열정은 잘 관리해야 하는 뜨거운 감자인 셈이다. 이들에게는 친구로 수기운이 많은 사람이 곁에 있다면 좋겠다. 수기운으로 뜨거운 열기를 제어해야 하기 때문이다. 이들은 명리학상 10개 유형의 인간 중 가장 뜨거운 사람들인데 스스로가 그러한 DNA를 갖고 있다는 것을 자각하고 망각하면 안 된다.

병화 인생코드라 할지라도 가을, 겨울에 태어나면 위의 경향은 매우 완화된다. 이들은 열정이 광기나 허세로 이어지는 대신 열정은 내면의 근원으로만 작동하여 훨씬 부드러운 모습으로 바뀐다. 그리고 대체로 반듯한 모범생의 모습을 간직하며 인기도 좋다. 가을, 겨울에는 모두가 태양빛을 찾아가듯이 가을, 겨울에 태어난 병화 인생코드의 사람들을 모두가 환영한다. 직업이라면 빛과 전기와 관련된 대부분의 업종, 스케일이 큰 중후 장대한 산업업종 즉 건설, 조선, 토지관리 등이겠다.

병화 인생코드의 사람들은 단점을 잘 관리하는 문제가 장점을 세우는 문제보다 훨씬 중요하다. 몸과 마음이 들뜨지 않도록 하라. 냉정으로 열정을 완화하는 노하우가 중요하다. 지나치게 일을 많이 벌이는 것도 자제해야 한다. 이들에게는 허풍과 과장이 유령처럼 스며들 수 있기 때문이다.

정론 丁論 | 따스함과 배려의 멘토

정화는 달月과 별星의 이미지다. 양화陽火인 병화와는 달리 정화는 음화陰火다. 정화 인생코드는 달빛, 별빛과 같은 안내자다. 따라서 주변 사람들을 안내하고 위로할 수 있는 멘토 역할을 한다. 풍부한 감성의 소유자로 주변에 따스함과 온정을 선사한다.

정화코드인 사람은 부드럽고 우아해 능숙한 조정자의 역할을 수행한다. 이들에게는 칠흑 같은 밤바다에 등대가 배를 안내하듯 명쾌함이 있다. 반면 그 빛이 은은하지만 유약함이 있고 소극성이 있어 자신의 의지를 강하게 관철하지 못하는 단점이 있다.

긴긴 밤을 지키는 화로처럼 저물어 가는 조선의 미래를 부여잡고 끈질기게 고투했던 정약용이 바로 그런 인물이었다. 어려서부터 명민했던 그는 정조의 사랑을 받아 순탄한 벼슬길로 들어선다. 하지만 정조가 죽고 격화되는 당쟁의 소용돌이 속에서 그는 목숨만 보존한 채 유배당했고 이후 정계에서 배제되고 잊혀져 갔다.

기나긴 귀양살이는 그에게 깊은 좌절을 안겨주었지만 조선후기 개혁사상을 집대성하는 성찰의 세월을 선사하기도 했다. 민본과 부국강병을 추구했던 그는 통치, 상업, 국방, 세제, 신분 및 과거제 등 다양한 분야의 국가개혁안을 만든다. 이러한 그의 민본주의와 국가개혁사상은 정화 인생코드의 애민정신, 봉사정신의 발로로 이해할 수 있다.

이 유형의 인물들 가운데 탁월한 조정자, 조직관리자의 면모를 보이는 이가 많은데 중국의 건국지도자 저우언라이는 그중 대표적인 인물이다. 저

음양오행론의 운명론적 해설

우언라이는 중국 혁명과 건국의 양대 지도자 중 한 사람으로 정치적 균형자로 중국현대사에 커다란 족적을 남겼다. 저우언라이는 마오쩌뚱의 파트너였고 마오쩌뚱이 과격한 노선을 취할 때는 지혜로운 견제자였다.

그는 당내에서는 실용주의 노선에 대해 관용적인 태도를 취함으로써 마오 사후 덩샤오핑의 실용주의 노선을 탄생시킨 실질적인 산파였다. 문화대혁명 당시 실각했던 덩샤오핑을 당내로 복귀시키는데 결정적 역할을 했던 이도 그였다.

이들에게는 인간미 넘치는 선생님의 풍모가 있고 구도하는 수도자의 모습이 있다. 칠흑 같은 밤바다에 빛나는 등대를 보라. 한줄기 빛이 망망대해를 떠다니는 뱃사람들에게 위안을 주듯 어둠을 밝히는 냉철한 지성의 소유자다. 이들은 그 성정으로 인해 훌륭한 멘토가 되기도 한다.

"위안 받으려 하지 말고 눈물이 마를 때까지 우시오……. 나는 다만 당신의 어린 아이를 기억해 줄 것이오." 도스토예프스끼가 어린 딸을 잃어 절망에 빠졌을 때 마을 장로가 해준 위로의 말이다.

절망하여 답답할 때는 울어야 한다. 하지만 울기도 쉽지가 않다. 우리의 감정은 늘 그렇게 깔끔하게 정리되어 있지 않다. 그래서 누군가가 옷소매를 붙잡아 주어야 펑펑 울 수 있다. 외롭고 힘든 사람에게는 들어주는 과정만으로 새로운 활력과 의욕을 줄 수 있다. 이것은 아무나 할 수 있는 일이 아니다. 정화를 인생코드로 가진 사람에게는 그런 힘이 있다. 영화배우 한석규가 그런 사람이다. 여러가지 대담에서 그를 본 사람이라면 "이런 사람이야" 하고 맞장구칠 것이다. 그는 "말하는 것보다 듣는 것을 좋아한다"

고 했다. "사람을 치유하는 건 산과 강, 숲 바다 같은 자연이다 …… 내가 출연한 영화나 드라마가 추억이 되었으면 좋겠다. 인생이 다 슬럼프라고 생각하기 때문에 '내가 해냈구나' 하는 성취감 같은 건 영영 가져보지 못할 것 같다."고 말하기도 한다.

이런 사람이라면 당신이 쓸쓸할 때 묵묵히 들어줄 적임자다. 우선 그는 말하는 것보다 듣는 것을 좋아하고 절대적 신념을 추구하기보다 생각하는 회의주의자다.

정화코드를 가진 사람은 배려와 위로에만 익숙한 건 아니다. 그는 안내자로서 인자하고 자상한 덕목이 있으며 냉철하고 비판적인 안목을 동시에 가지고 있다. 이런 안목으로 균형잡힌 판단에 익숙하다.

이런 기질로 인해 기획 감사 인사 부문에 능력을 발휘하고 외교적인 거중조정에도 큰 역할을 발휘한다. 촛불처럼 어둠 속에서 환히 불을 밝히며, 사막 가운데 방향을 제시하는 별과 같은 존재다.

특히 이 유형의 사람이 가을이나 겨울에 태어나면 더욱 그렇다. 서늘하고 차가운 가을 겨울에 한 점 온기와 같은 역할을 하게 된다. 가을, 겨울에 태어난 사람들은 인기가 있다. 주위에 있는 사람들이 끊임없이 불러낸다. 용모 또한 대체로 단아하고 모임에서는 부드러움을 선사한다.

봄, 여름에 태어난 강한 성정의 소유자라면 인재를 발굴하여 키우는 조련사가 될 수 있다. 나무를 태우고 쇠를 녹이는 불이 된다. 유달리 잔정이 많고 작은 계기로도 변화의 폭이 크다. 자신을 희생하는데 주저함이 없고 직장상사나 소속단체에 대한 충성심도 크다.

 그런 까닭에 사람과 사람을 이어주는 매개자가 되며 사람들에게 인기가 있다. 이런 사람은 부드러운 성정을 갖고 있고 주변 사람들에게 활기를 제공한다.

 가수 이효리와 같은 모습이다. 정화 인생코드인 이효리는 다양한 재주를 가지고 있는 연예인으로 노래는 물론 춤 그리고 MC로도 사람들의 시선을 집중시키는데, 그녀는 여자연예인이 쉽게 갖지 못하는 활달함과 털털함이 있다. 이로 인해 그녀는 유리상자에 갇힌 인형 이미지가 아니라 우리 곁에 있는 시대의 디바가 되었다. 정화 인생코드에서 유독 연예인이 많이 나오는데 이런 성정과 무관하지 않은 듯 보인다.

 그렇다면 타인에게 대화의 상대가 되어주는 사람이 스스로 어려운 처지가 되면 어떨까? 타인의 상처를 어루만져주는 훌륭한 감성이 있지만 정작 자신은 그런 상처에 아주 아파하고 어쩔 줄 몰라한다.

 나는 주변에 정화를 인생코드로 가진 사람이 많아 어떤 인생코드의 사람들보다 훨씬 잘 관찰할 수 있었다. 한 후배는 주위 사람들을 늘 잘 챙기고 저녁 자리도 빈번히 만들어 그들의 이야기를 잘 들어준다. 하지만 자신이 그런 고뇌에 빠지면 매우 아파한다.

 직무라면 조직관리자, 조정자, 기획, 봉사, 상담, 컨설팅에 적합할 것으로 보인다. 대체로 어떤 유형의 인생코드들과도 잘 어울린다. 종교적 성향도 갖고 있어 주위 사람들의 훌륭한 벗이자 선생이 될 수 있다.

이들의 최대 단점이라면 소극성이다. 그리고 중도를 추구하는 나머지 무소신으로 찍힐 수 있다. 자신의 신념이나 주장을 갈고닦는데 노력해야 한다. 남자나 여자나 우아하고 아름답다.

무론 戊論 | 중후 관대한 지리산

무토戊土는 우거진 산이나 제방이다. 무토 인생코드는 큰 산처럼 과묵하고 책임감이 있으며 포용력이 있고 관대하다. 과묵하고 고집스런 성정으로 삶과 사물에 대해 깊은 통찰을 보인다. 때로는 과묵함으로 은둔을 내면화하기도 한다. 동시에 강력한 도전정신과 투쟁의지를 갖고 있다.

겉모습은 털털하고 격식에 얽매이지 않는다. 이런 특성이 극단에 이르면 과도한 고집과 소유욕으로도 발전한다. 좋지 않은 모습으로 발전하면 건달이나 깡패의 기질로 나타나기도 한다.

무토 인생코드의 인물을 들라면 공산주의 시조 칼 맑스, 소설가 프란츠 카프카, 실존주의 철학자 니체, 중국의 지도자 덩샤오핑, 삼성의 창업자 이병철, 유엔 사무총장 반기문, 한국 축구의 전 사령탑 홍명보, 여배우 김혜수와 최진실, 골프선수 박세리 등을 들 수 있다. 이들에게서 인생의 공통분모를 꼽는다면 한 분야를 틀어쥐고 가는 뚝심이다.

무토의 감성적 기질을 전형적으로 보여주는 인물이라면 프란츠 카프카를 들 수 있다. 그는 은둔한 천재로 사르트르와 카뮈의 정신적 요람이라 할 수 있는 실존주의의 선구자다.

그에 대한 사후의 평가와는 달리 실제 개인의 삶은 초라하다 싶을 정도로 평범했다는 게 오히려 특징이다. 그럼에도 〈변신〉, 〈성〉 등을 통해 실존에 대한 인간의 고뇌를 극단까지 밀어붙여 독자를 소용돌이에 빠져들게 만드는 그의 흡인력은 여전히 압도적이다.

무토 인생코드의 인물들은 대단한 뚝심의 소유자다. 역사적 인물로 중국의 건국 지도자 덩샤오핑을 들 수 있다. 그는 마오쩌둥과 만리대장정에 참여하고 정치국 위원이 되지만 1960년대 마오쩌둥과 노선갈등을 빚으며 실각한다. 그 후 1973년 저우언라이의 추천으로 잠시 국무원 부총리가 되었다가 1981년 화궈펑과의 권력투쟁 끝에 실질적인 권력을 장악하기까지 실각과 복직을 반복한다.

부도옹不倒翁으로 불렸던 덩샤오핑은 정치적 실각에도 불구하고 실용주의 노선을 시종일관 견지하였으며 1981년 권력을 장악한 후 이를 적용, 현대 중국의 기반을 닦는다. 마오쩌둥과의 갈등에도 불구하고 자기 노선을 굳게 견지하는 덩샤오핑에게 거인의 모습이 보인다.

반기문은 중학시절부터 영어에 꽂혀 고교시절에는 서울서 열린 영어대회에서 1등을 차지하고 미국방문 티켓을 거머쥔다. 그는 당시 미 대통령 케네디와 접견한 뒤 외교관의 꿈을 굳히고, 그 뒤 직업외교관으로서 자질을 갈고닦아 마침내 유엔 사무총장에 이른다.

반 총장은 늘 자신의 본분과 자리를 지키는 중후함이 돋보이고 책임감과 포용력으로 국제분쟁의 조정자로서 그 명성을 떨치고 있다. 격식에 얽매이지 않는 그의 처세는 무토 인생코드의 인물들에게 보이는 중요 특징 중 하나다.

이들이 원칙을 과도하게 강조할 때 고집스러움과 재물에 대한 과도한 소유욕을 드러내기도 한다. 한 중소기업 대표의 경우 명민한 머리와 상황판단으로 기업을 일군 경우인데, 그는 자신이 염두에 둔 프로젝트를 늘 과신하곤 해 다수의 직원들이 반대의사를 갖고 있어도 좀처럼 바꾸는 경우가 없다. 간부회의나 직원회의도 자신의 의사를 관철하기 위한 통과의례로 여긴다.

이 경우 컨디션이 좋을 경우 훌륭한 판단을 내리지만 상황이 악화되거나 욕심이 과도하면 오히려 불합리한 결정을 내려 조직에 큰 손해를 끼치는 경우도 있다.

무토 인생코드의 특징을 정리해 보기로 하자. 우선 태산같은 묵직함이 있다. 이들은 하나의 주제나 하나의 문제의식을 끝까지 끌고 가는 힘이 있다. 가령 칼 맑스의 경우 당대 서구 지성들의 사유를 끌어모아 진보적 관점을 세웠다. 19세기의 숱한 이론들이 칼 맑스로 흘러들어 이후 비판적 사유의 출발점이 되었다. 그의 관점은 그를 추종한 레닌으로 이어져 러시아 혁명의 자양분이 되었다.

이들의 사유가 내면화되면 니체나 카프카처럼 실존을 붙들고 고뇌하게 되는데 그럴 경우 은둔자적인 면모로 인해 영향력은 크나 드러나지 않고 침잠하는 경향이 있다.

이런 이유로 다소 신비주의적 경향을 띠기도 한다. 가까운 지인도 이런 성향을 갖고 있는데 S그룹 직원으로 생활하다가 지금은 퇴사하였지만 이미 직장생활을 할 때부터 이런 경향이 있어 각계의 고수들을 은밀히 찾아다니는 취미를 갖고 있었다.

이들은 지식이나 돈 명품 등 무엇이건 대단한 수집력의 소유자들이다. 삼성의 창업자 고 이병철 회장의 미술품 수집은 이런 기질의 일단을 보여주는데 그 노력이 리움미술관으로 이어졌다. 고 이회장의 경우 다양한 분야에 대한 지적 편력도 대단했던 것으로 알려져 있다.

이들이 갖는 수집력은 임수 인생코드가 갖고 있는 수집력과는 다소 차이가 있다. 임수 일간은 장강의 대하처럼 유동성을 포함한 수집력인데 반해 이들은 태산에 모든 것을 끌어 모으는 것 같은 정주민의 수집력이다.

이들의 단점은 장점의 다른 표현인 집착이다. 이들은 에너지를 모두 자신이 염두에 둔 주제에 온통 쏟아 붓는 집착을 보인다. 이는 답답하고 뚱한 모습으로 나타난다. 이런 단점을 해결하려면 유목민적 유동성을 갖도록 애써 노력하는 것이 필요하다.

그런 점에서 무토 인생코드의 이병철에서 임수 인생코드인 이건희로의 삼성경영권의 승계는 창업과 확장으로 이어지는 경영권승계로 해석할 수 있다.

이들의 털털함도 하나의 덕목이다. 홍명보 김혜수는 예체능계 인사들이지만 털털한 카리스마가 엿보인다. 특히 김혜수는 공주과 미인의 이미지보다는 건강미인이거나 당당한 미인의 이미지로 읽혀진다.

동시에 이들은 긍정적 이미지도 있지만 음험한 구석도 많아 사람을 이용하거나 활용하는 데도 능하다. 많은 경우 이른바 '얼굴이 두꺼운' 개성을 지니기도 한다.

이 인생코드의 사람들은 리더형이 많은데 집중력의 소산인 듯 하다. 당신이 이 유형의 사람이라면 소통, 여유, 유연성을 기르는데 집중하라. 또 과도한 수집력이 집착으로 이어지는 것을 경계하라.

태산에 초목과 새와 물이 없으면 바위투성이인 험산이 되듯이 뭇 생명과 소통하지 않으면 쓸모 없는 거목으로 보일 따름이다.

기론 己論 | 규칙성과 일관성의 소유자

기토는 들녘이다. 무토 인생코드가 태산의 험준함과 파괴력을 갖추고 있다면 기토 인생코드는 논밭이 갖는 규칙성과 일관성을 갖추고 있다. 반면 태양은 솟아있음으로 해서 우리의 육안에 분명하게 드러나지만 땅인 기토는 무토와 마찬가지로 속내를 알 수 없는 복잡함이 있다.

이들은 집착보다는 천착, 천재형보다는 노력형, 일거에 이루기보다는 꾸준히 쌓아가는데 능한 기질을 갖고 있다. 그리고 이들은 강렬하게 대응하기보다는 모호함을 즐기는 가운데 어떤 문제를 끝까지 물고 늘어지는 기질을 갖고 있다.

이런 기질의 사람들로 소설가 최인호, 미국 여배우 오드리 헵번, 미국 전 대통령 플랭클린 루즈벨트, 아르헨티나 퍼스트레이디 에바 페론, 오스트리아 심리학자 프로이트, 스위스 심리학자 구스타프 융, 배우 김지미, 중국 여배우 공리, 미국 부동산 재벌 도널드 트럼프 등을 들 수 있다.

우선 프로이트와 구스타프 융 등 현대 심리학의 거두들을 보기로 하자. 이들은 모두 기토 인생코드이고 사주 구조도 아주 유사하다. 일주日柱가 모두 기축己丑이니 우연 치고는 기막힌 우연이다.

인류는 긴 역사를 통해 자신 특히 자신의 심리를 알아내려는 노력을 지속해 왔지만 19세기 후반까지만 해도 인간의 심리는 물리적 현상이나 생리적 현상과 달리 객관적인 파악이 불가능하다는 생각이 지배적이었다. 그래서 이 영역은 이들이 등장하기까지 비합리주의적인 '생'철학 등에 머물

음양오행론의 운명론적 해설

러 있었다. 생리학을 연구했고 후일 신경질환 전문의였던 프로이트는 수많은 환자들을 치료하는 과정에서 무의식의 영역에 인간심리의 의식적 기반이 있는 것을 발견하고, '의식과 무의식의 역동적인 연관관계'를 분석해 간다.

이로써 그는 인간을 무의식이라는 비이성적 힘의 지배로부터 해방시키고 이성의 힘에 의해 통제되는 길을 열고자 했다. 기토 인생코드인 프로이트가 일생동안 수없이 많은 심리질환자들의 데이터를 모으고 관찰하는 가운데 '무의식'이라는 보석을 추출한 것은 마치 알 수 없는 모래속을 헤집어 금을 채취한 과정이나 다를 바 없다.

이렇듯 기토 인생코드는 오랜 시간 하나하나의 사례를 수집분석하여 보석을 추출해내는 기질 즉 사물에 천착하는 기질을 갖고 있다. 프로이트는 이처럼 모호하기만 한 인간의식을 추적해가는 일관성을 보였다.

프로이트와 동시대 사람인 칼 구스타프 융도 알 수 없었던 인간의 심연을 탐색하는데 생의 전부를 보냈던 정신의학자였다. 그 역시 무의식의 본질을 탐색하고자 자신의 내면 깊숙이 들여다보는 작업을 수행했던 까닭에 종종 과학자를 빙자한 공상가로 오해되기도 했다.

그의 친구는 이런 그를 두고 "융 자체가 걸어다니는 정신병원이었을 뿐 아니라, 그 병원의 최고 의사이기도 하다" 는 평을 남기기도 했다.

이들은 다른 사람들에게는 관심 영역 밖의 사안일지라도 자신의 눈에 들어오면 그 주제를 오랜 시간 만지작거리는 기질이 있다. 명리학

〈왕초보 사주학〉 저술가로 유명한 낭월스님도 그런 분이다. 그는 오랫동안 하이텔 역학 동호회를 운영하면서 지난날의 각종 명리학 서적과 인물 사례를 꼼꼼히 살피고 정리하여 10권 이상의 저작물을 펴 냈는데 그 과정에서 한국 명리학이 더욱 논리적으로 진화하고 개방된 모습을 갖는데 커다란 역할을 했다. 그는 명리이론에 들어있는 신비적 요소나 근거없는 이론에 대해서도 비판적 태도를 취함으로써 설명가능한 인간화된 '명리학'을 추구한다.

필자가 가까이서 오랫동안 지켜본 후배로써 '자연분만'에 꽂혀 자연분만 기체조운동을 개발하여 그 분야의 원조격이 된 김모씨가 이 코드의 인물이다.

남자로서 자연분만에 관심을 갖기가 쉽지 않음에도 불구하고 그는 무엇에 꽂혔는지 십수년 동안 이 주제를 질기게 안고 왔다. 그는 분만 교실을 운영하면서 재정적인 문제에 시달리기도 했는데 사람들의 눈에는 이해가 안 될 정도로 천착한 것이다

이들은 한 주제에 천착하는 기질을 갖고 있지만 곁에서 꾸준히 지켜보지 않으면 매우 답답하게 느껴진다. 이들은 자신의 정체성을 잘 드러내지 않는데 이는 음흉하거나 무언가를 감추려는 속내가 있어서가 아니라 모호함 자체를 내면의 기질로 지닌 탓이다.

이들은 당면의 사안에 대해 늦게 반응하고 그 반응마저 불분명한 경우가 많다. 강렬한 것과는 반대이고 오히려 모호함을 즐기는 모습조차 나타

난다. 많은 경우 이 코드의 사람들은 남다른 봉사정신을 갖고 있는데 미국 여배우 오드리 헵번이 두드러진 경우다.

오드리 헵번은 아버지가 나치당원으로 유대인 학살에 관여했다는 사실을 우연히 알게 된 뒤로 평생 조용히, 속죄하는 심정으로 봉사활동을 했다. 세기의 배우로서 그렇게 천착하기란 보통의 인내가 아니고서는 불가능해 보인다.

그렇다면 이들에게는 어떤 분야가 좋을까? 대지는 만물을 자양하는 토대다. 그렇다면 봉사하는 직업은 어떨까? 프로이트와 융은 의사이며 연구자다. 낭월스님도 그 글을 읽어보면 삶을 보듬고 위로하는 상담가 멘토로서 측은지심이 있다.

게다가 이들은 여러가지 방면에서 일관되게 파헤치고 맞서나가는 질김이 있다. 기토는 사물에 비유하면 땅이다. 땅과 관련된 직업 즉 농업, 토지, 관리, 부동산관리와 관련된 직업도 어울릴 듯 하다. 세계 최대의 부동산재벌 미국의 도널드 트럼프가 기토 인생코드인 것도 땅과 관련된 사업을 일으킨 것과 무관하지 않을 듯하다.

이들이 피해야 할 게 있다면 어떤 것일까?

스스로야 모호함이 기질이겠지만 자신을 분명히 드러내는 훈련이 필요할 것이다. 속내를 비치지 않아 오해받는 상황에 처해질 수 있다.

모호함은 운세가 나빠질 때, 곤경에 처할 때, 상황에 복잡하게 연루되어 있을 때 단점으로 나타난다. 곧은 기상을 갖고 있는 갑목甲木 인생코드의 사람이 곁에 있다면 살아가는데 많은 도움이 되겠다.

    열개의 인생코드를 정리하면서 파악하기에 가장 힘든 인생코드가 이 인생코드였다. 이미지가 선명하게 떠오르지 않았기 때문인데 그만큼 그들의 일상적인 모습이 모호함을 반증하는 듯하다. 하지만 대지는 만물의 어머니인 것처럼 땅은 생명을 일구고 키우는 숭고한 역할을 맡고 있다.

경론 | 庚論 | 빠른 결단과 굳건함

금金은 철鐵이다. 인생 코드가 경금庚金이라면 당신은 용기와 결단력을 지닌 사람이다. 경금인 사람에게는 묵묵함과 과묵함으로 번잡한 세상사를 헤쳐나갈 수 있는 바위 같은 굳건함이 있다.

겉보기에는 냉정하지만 내면에 따뜻한 정을 품고 있다. 결단은 빠르게 하고 일단 시작한 일은 신속하게 추진한다. 의협심이 강하고 강한 투쟁성이 있다. 삼각산 백운대의 기암괴석과 같은 풍모라 할 수 있다.

이런 인물을 들라면 단연 안토니오 가우디가 생각난다. 그가 만든 건축물들은 피카소의 그림과 견줄 수 있는 작품으로 평가되곤 하는데 그는 건축의 성자로 불리며 세월이 지날수록 더 높은 평가를 받는다.

그는 인생을 철과 함께 시작했는데 그의 아버지 할아버지 증조할아버지 모두 주물제조업자였다. 그는 어릴 때부터 아버지의 대장간에서 철을 다루는 법을 배웠다. 그는 대를 이어 철의 DNA를 지닌 셈이다.

이 철에 대한 경험이 가우디 건축에 다 녹아 들어간다. 게다가 그는 경금 인생코드의 특징인 묵묵함으로 40여년간 지속되었던 사그라다 파밀리아 교회 건축을 밀고 나갔다.

현대그룹을 창업한 정주영도 경금 인생코드의 인물이다. 조선이나 자동차, 건설업 모두 주요 재료가 철이다. 정주영은 철이 맞는 사람이었다. 한국의 조선업이 지극히 영세할 당시에 조선소를 설립한 일화는 유명하다. 한국 정부의 신용이 시원찮아 정부가 보증도 설 수 없

는 상황에서 자본조달과 아울러 해외 판로를 확보해야 하는 이중의 어려움이 있었다. 먼저 자본조달 문제였다. 그는 조선소 설립 부지인 백사장 사진 한장 달랑 들고 영국의 바클레이 은행을 방문해 투자를 요청한 것이다. 여기서 오백원권 거북선 지폐의 일화가 등장한다. 설명자료가 부족했던 정 회장은 급기야 거북선이 그려진 500원짜리 지폐를 꺼내 400여년 전 조선에서 철갑선을 만들었던 역사적 사실을 거론하며 지원을 요청, 투자유치를 성공시킨다.

다음은 판로였다. 정주영은 수소문 끝에 그리스 선박왕 오나시스의 처남 리바노스를 찾아내 계약함으로써 판로를 확보하게 된다. 조선강국의 역사가 시작된 것이다. 조선소 건립과 배 건조 모두 속전속결이었다. 그 과정에서 저임금 노동자들의 많은 희생이 있었지만 대한민국 조선업의 시발은 정주영의 용기와 뚝심 그리고 재치가 이뤄낸 쾌거였다.

금은 철이자 바위다. 계절의 기운으로 말한다면 경금庚金은 초가을 기운으로 숙살지기肅殺之氣라 말한다. 여름이 가고 가을이 들어서는 초엽이면 냉기가 뜨거운 여름기운을 에워싼다. 강렬했던 여름의 폭염을 물리치려면 서늘한 기운을 품고 있어야 하는데 이런 기운이 숙살지기 곧 경금이다.

경금 인생코드인 사람은 굳건함을 특징으로 갖고 있다. 강한 경금코드를 가진 사람은 거암처럼 굳건하다. 심지가 굳고 마음먹은 일을 끝까지 관철해 나간다. 굳건한 힘은 용기로 이어진다.

다른 인생코드를 가진 사람들과는 달리 쉽지 않은 난제를 과감히 해결해간다. 이들의 용기는 빠른 결단과 신속한 일처리로 시원함이 돋보인다. 맺고 끊냄이 분명하고 불의를 보면 참지 못한다. 영국병을 해결했다고 평가되는 마거릿 대처 수상도 경금 인생코드다. 그녀가 철의 여인으로 불리는 것도 우연은 아닌 듯하다.

이러한 성향이 가장 분명한 유형은 가을(申酉戌 月)에 태어난 사람이다. 겨울에 태어난 경우라면 위의 경향들은 훨씬 유연하고 부드럽게 바뀐다. 굳건하지만 유연하고 부드러워진다.

가을생 경금코드는 과묵하고 자신을 잘 드러내지 않지만 겨울(亥子丑 月)생 경금코드는 자신의 속내를 훨씬 잘 드러내고 표현한다. 반면 봄, 여름생 경금코드는 내면의 굳건함과 용기가 잘 드러나지 않는다. 오히려 외면적으로 유약한 모습을 보여 어떤 경우는 경금코드가 아닌 듯 보이기도 하는데 그럼에도 불구하고 깊은 내면에는 굳건함, 용기, 결단 등 경금 고유의 성향을 간직하고 있다.

만일 가을생 경금의 인생코드라면 굳건함과 용기가 지나친 나머지 앞뒤 생각없이 막 밀어붙이는 막무가내의 성향도 지닌다. 또 강하게 밀어붙이는 성향으로 남이 상상을 하지 못하는 커다란 업적을 만들지만 주변 사람들을 어렵고 피곤하게 만들기도 한다.

특히 리더라면 더욱 그 경향은 강해진다. 고집스럽고 완강한 성격으로 일을 그르치는 상황에 처할 수 있다. 게다가 경금코드는 굳건한 나머지 답답할 수 있다. 자신이 정해 놓은 혹은 집단이 정해 놓은 규칙에 얽매이기

쉽다. 그래서 시류의 변화에 둔감할 수 있다.

이런 사람은 자신의 강함을 부드럽게 소통시킬 수 있는 수水코드의 사람들과 어울려 유연성을 길러가거나, 화火코드의 사람들과 어울려 자신의 단점을 억제해가는 지혜가 필요하다. 유능제강이라고 하지 않던가. 특히 자신보다 연상이고 지혜로운 사람과 만날 필요가 있다. 지나치게 강한 것은 부러진다.

유쾌하고 발랄한 사람들과의 교류를 확대하는 것도 이러한 단점을 보완해주는 중요한 방책이다. 사람은 사람과 만나 변하지 않던가. 만일 강한 경금코드가 자기와 비슷한 유형의 사람들이나 강한 무토戊土코드 사람들과 어울린다면 이러한 단점은 강화된다.

당신이 만일 봄, 여름생 경금코드의 사람이라면 가을생 경금보다 그 단점이 특별히 드러나지 않는다. 오히려 당신은 경금코드 원래의 속성 즉 굳건함, 용기, 결단성 등을 잘 보존하고 가꾸어가야 할 것이다. 이런 유형의 사람들은 경금코드를 내면에 지니고 있어도 그 성향이 직접 전면적으로 드러나지 않는다. 따라서 단점도 극적인 모습으로 드러나지는 않는다.

경금코드인 사람들에게 적절한 직업군은 무엇일까?

가을에 태어난 강한 경금코드는 군인, 경찰, 정주영 타입의 중후장대형 사업 즉 조선 제철 전선업 종사자 그리고 운동선수, 사회운동가 등 활달함이 요구되는 직군이 어울린다.

경금코드는 철과 관련되어 있다. 제철, 전선 등인데 사주상에 빛(丙火/丁

火/巳火/午火)이 있다면 전자 전기와 관련된 직업도 좋다. 경금 코드인 당신은 우매의 시대였던 조선말과 일제하, 아무것도 없었던 전후의 한국에 어울리는 유형이다. 광명과 암흑이 교차하고 희망과 절망이 반복되는 혼돈의 시대라면 누구나 각별한 용기가 필요하다. 지금 한국사회에서 용기는 만용이 되거나 질시의 대상이 되기도 한다. 그런 까닭에 오래 살아남으려면 신중함과 절제를 익힐 필요가 있다.

용기 있는 삶을 살려면 모든 것들을 스스로 결정해야 한다. 용기 있는 행동이 성공으로 이어지려면 끈기와 성찰이 필요하다. 자유로운 인생을 바란다면 비바람에 맞서 나아갈 각오를 해야 한다.

신론 辛論 | 진주처럼 빛나는 영롱한 빛

신금은 진주나 사파이어다. 사람들은 이들이 영롱한 빛으로 눈을 자극하면 그 빛에 취한다. 이들은 모두가 갖기를 원하지만 희소한 나머지 손에 넣기가 힘든 보석이다. 신금 인생코드는 남들이 갖지 못하는 예민한 감각과 능력을 지녔다. 그들은 모든 에너지가 응결된 보석이다.

매우 단단하고 꽉 차있는 느낌을 준다. 신금 인생코드를 가진 사람들은 깨끗하고 세심하며 예민하다. 또 그들은 사물을 정교하게 다루며 예의가 바르다.

세기의 연인 마릴린 먼로와 그레이스 켈리 모두 신금 인생코드의 여배우들이다. 그들은 모두 세인의 가슴을 설레이게 했던 뛰어난 미모의 주인공들이었지만 그들의 삶은 극적으로 대비된다. 마릴린 먼로는 가장 화려한 스타였으나 불행한 여인이기도 했다.

그녀는 출생부터가 비극적이었다. 아버지는 친아버지가 아니었으며 어머니로부터도 별다른 보호와 사랑을 받지 못하며 유년시절을 보냈다. 배우가 된 그녀는 할리우드의 최고 스타가 되어 미국 야구계의 전설적 스타 조 디마지오와 두번째 결혼을 하지만 1년이 채 되지 않아 파경을 맞이했다.

그녀는 그 뒤에도 과학자 아인슈타인, 가수 프랭크 시내트라와 이브 몽땅, 존 F. 케네디와 로버트 케네디 형제들과 염문을 뿌렸다. 그녀의 화려한 연애편력 이면에는 애정결핍에 시달렸던 어린 시절의 깊은 상처가 있었는지도 모른다. 그런 그녀에 대해 영화평론가 유지나는 "정치적 자유를 갈

망했고, 약자를 옹호하는 진보적 이데올로기를 추종했으며, 장식품이 되기를 거부했던 지성"으로 묘사하면서 "자아도취와 자기혐오라는 극단적인 인지 부조화 속에서 죽음으로 자신을 내몰 정도로 순수하게 자신을 직면했던 마릴린 먼로"로 묘사했다.

반면 고전 시기의 영화배우 중 가장 아름다운 여성 중 한 사람으로 손꼽혔던 그레이스 켈리는 부유한 집에서 태어나 모델을 거쳐 서부극 〈하이눈〉을 통해 은막의 여왕으로 부상했다. 그 후 그녀는 세계적인 부호이자 미혼남이었던 모나코의 라이니에 왕자와 결혼함으로써 5년만에 영화계를 은퇴하지만 그 후에도 계속 세인의 주목을 받는 명사가 되었다.

이 둘은 공교롭게도 태어난 날이 신유辛酉로 천간 지지가 모두 음금陰金이다. 비유하자면 빛나는 보석이다. 또한 세살 위인 마릴린 먼로는 26년 병인丙寅년 계사癸巳월 생이고 그레이스 켈리는 29년 기사己巳년 을해乙亥월 생으로 모두 지지에 사화巳火를 갖고 있다.

그리고 마릴린 먼로는 월간에 계수癸水를 그레이스 켈리는 월지에 해수亥水를 갖고 있어 전체적으로 유사한 사주구조이다. 하지만 마릴린 먼로는 뜨거운 여름날에 태어나 화의 열기를 견뎌야 했는데, 그와 달리 그레이스 켈리는 겨울날의 해수亥水가 보석을 끊임없이 닦아주어 늘 빛나게 되었는지 모른다.

게다가 마릴린 먼로의 경우 기토己土 즉 먼지가 끼는 형상이어서 상처를 운명처럼 간직했던 것 같다. 미인박명이라던가! 마릴린 먼로는 37세에 수

면제 과다복용으로, 그레이스 켈리는 54세에 교통사고로 생을 마감했다.

그렇다면 신금 인생코드의 사람들은 어떤 특징을 지니고 있을까. 전체적인 이미지가 대체로 깨끗하고 주옥같으며 예민하다. 보석을 만들려면 원석을 계획된 순서와 구도에 따라 세심하게 가공하지 않으면 안된다. 그러자면 예민한 감각으로 정교한 손놀림을 지속해야 한다.

보석은 아름답고 범접하기 쉽지 않은 것처럼 신금 인생코드의 사람들은 예민하다. 그렇기에 어떤 분야에서도 이러한 기질이 발휘된다. 세계적인 물리학자 스티븐 호킹의 경우도 신금이 천간에 셋이나 있는데 비유하자면 예민하고 정교한 보석덩어리다. 그는 이러한 인생코드로 말미암아 우주현상을 예민한 감각으로 해석하고 꿰뚫어보았을 것이다.

한 신문사에 신금 인생코드의 편집국장이 있었는데 그의 기사는 매우 날카로웠다. 어떤 사안에 대하여 비판적으로 접근하면 그 사안의 당사자는 바늘로 찔린 것처럼 아파했다.

한편 그의 성격이 관련부서원들과 의견이 맞지 않는 방향으로 발전하면 예의 날카로움으로 상대를 평가하여 상대방에게 깊은 상처를 남기기도 했다. 이처럼 신금 인생코드의 사람들은 사물을 분석적이고 세심하게 관찰하고 묘사하는 능력을 갖고 있어 명민하게 보인다.

하지만 이러한 특징이 과도하게 되면 단점으로 바뀐다. 장점이 과도해지면 늘 주목받기를 원하고 일부는 잘난 체를 한다. 보석은 늘 주목받는 존재이기 때문인데 한 좌석에서 대화를 독차지하려는 경향이 있고 그런 욕구가 채워지지 않으면 쉽게 삐치고 화를 낸다. 이기적이어서 타인과 함께 하기가 쉽지 않은 특징을 갖고 있고 주변사람이 어떻게 대해야 하나를 고민하게 만든다.

특히 여름에 태어난 신금 인생코드의 사람들은 달구어진 바늘처럼 혀가 날카로워 타인의 가슴에 큰 상처를 남기기도 하는데 이 인생코드의 사람들은 타인에게 비수가 될 수 있는 혀놀림을 주의할 필요가 있다. 이들에게는 자신을 비우는 훈련을 거듭하는 것이 어떤 유형의 인생코드보다 크게 요구된다.

이들은 스스로가 날카롭고 예민할 뿐아니라 타인들의 비판이나 평가에도 예민해 상처를 받기 쉽고 심한 경우에는 그 상처가 지속된다. 마치 보석에 흠집이 나면 보석 전체의 가치가 떨어지는 것처럼 깨끗하고 명민한 나머지 상처를 받을 가능성도 다른 인생코드보다 크다.

이들에게 어울리는 인생코드라면 임수壬水 인생코드라고 할 수 있겠는데 그들은 신금 인생코드의 사람들을 정화하고 부드럽게 만드는 힘을 갖고 있다. 겨울날에 태어난 신금코드라면 멀리서 빛을 던져주어 보석을 빛나게 할 수 있는 병화丙火 인생코드라면 좋겠다.

그렇다면 이들에게 어울리는 일이라면 어떤 것이 있을까? 보석과 유사한 것이라면 어울리지 않을까. 작고 세심하고 정교한 일이 잘 맞기 때문이다. 호킹과 같은 과학자도 좋으며 엔지니어, 치과의사, 곡물상도 좋겠다. 곡물은 가을이 무르익을 때 지기와 천기가 응결된 생명의 결과물인데 이를 신금으로 표현한다. 알갱이를 다루는 곡물상, 이것도 어울리겠다. 디자

이너, 건축가, 기획, 설계업무, 계리사 등 꼼꼼하고 세심함이 요구되는 직업도 적절하다. 보석이 가장 꺼리는 무엇일까? 먼지 혹은 지나친 열이다. 현실에서는 망신살이다. 날카로운 분쟁에 휩쓸리거나 혹은 지나친 자존심으로 스스로 다치는 것이다.

  이들은 성찰과 사유를 통해 자신의 단점을 보완하는 것이 다른 인생코드보다 더 요구된다. 스스로 신금 인생코드의 특징을 늘 자각하는 것이 필요하다.

임론 壬論 | 장강대하의 유연함

임수는 장강長江이며 대해大海이다. 그 근원이 어딘지 모르는 황하이며 아마존강이다. 임수 인생코드는 물처럼 유연하고 자유롭다. 막히면 머무르고 장애가 나타나면 에둘러 돌아간다. 유연함은 지혜롭고 총명함으로 이어진다.

하지만 장강의 근원을 알수 없는 것처럼 검은 속내를 알 수 없다. 물 수水는 오색 중 검은색을 상징한다. 장강은 수많은 생명을 키우지만 장마가 들면 범람하여 온 천지를 휩쓸고 가듯이 거칠고 사납기도 하다. 도가 지나치면 법과 도덕을 무시하고 날뛰는 무법자이기도 하다.

임수 인생코드를 가진 사람들을 든다면 중국 정치가 마오쩌뚱, 미국 기업가 빌 게이츠, 한국 기업가 이건희, 소설가 황석영, 러시아 소설가 솔제니친과 보리스 파스테르나크 등이 있다.

마오쩌뚱의 인생을 보면 대해처럼 모든 동서양 이론을 광범위하게 받아들여 자신의 혁명이론을 세웠다. 농민을 혁명의 주력으로 보았던 그의 안목은 도시 노동자를 기반으로 해야 한다는 기존의 혁명이론에 안주하지 않는 유연한 성향을 보여준다.

그리고 도시 중심의 혁명을 고지식하게 추종했던 당시 중국 공산주의자들과 달리 만리대장정을 주장함으로써 초기 혁명세력을 보존 육성하고 끝내 중국 전역을 석권했는데, 그 장정의 과정이 마치 장강長江이 대륙을 가로지르듯 유장하다. 하지만 1960년대 후반 류사오치, 펑더화이 등 당내

음양오행론의 운명론적 해설

실용주의자들이 등장하자 홍위병을 조직선동하여 문화대혁명을 일으키고 중국을 일대 혼란으로 몰아가는데 이는 또 임수 인생코드의 거칠고 사나운 모습이기도 하다.

빌 게이츠도 마오쩌둥과 마찬가지로 못말리는 독서광이었다. 오늘날의 그를 만든 것은 동네도서관이었다고 고백하듯 그는 어린 나이에도 평일에는 매일 밤 1시까지, 주말에도 3~4시간의 독서시간을 가지려 노력했다. 그런 덕분에 10살이 되기 전 백과사전을 독파한 그는 동네의 공립도서관 독서경진대회에서 전체 1등을 차지하여 대단한 독서량을 과시했다.
　이같은 그의 특징은 20세기 후반과 21세기 초 정보기술 시대를 선도해 온 마이크로소프트사로 이어진다. 이렇듯 임수 인생코드의 특징 중 하나는 모든 지식을 끌어모으고 빚어내는 지식의 바다 같은 성향이다.

　이건희 회장에게도 유사한 모습이 있다. 10여년 전 어느날 나는 이 회장이 주재하는 삼성 금융부문사장단 내부회의 녹취록을 입수해 본 일이 있었다. 나는 당시만 해도 이 회장을 그저 재벌 2세 정도로만 이해하고 있을 때였다. 그런데 그 녹취록을 읽으면서 그는 내가 생각했던 이 회장과는 전혀 다른 모습으로 다가왔다.
　이 회장은 보험, 증권, 자산운용 등 금융부문에 관련된 각종 상품들의 장단점, 상품간 상호관계 등에 매우 정통해 있었고, 이 회장의 질문에 땀을 뻘뻘 흘리는 사장들의 모습이 눈에 선하게 들어왔다.
　그 후 삼성비서실에 근무했던 직원들로부터도 이 회장의 박학다식한 면모를 전해 들은 바 있다.

　임수 인생코드는 물과 같이 흘러다니는 유랑의 기질이 있다. 대표적으로 우리시대의 작가 황석영을 들 수 있다. 황 작가는 만주에서 태어나 장편소설 〈장길산〉으로 유명한데 그의 인생사를 보면 꽤나 유랑을 즐겨하는 작가임을 알 수 있다.

　그는 한 군데 머물러 있지 않고 소설속의 주인공처럼 끝없이 유랑한다. 서울을 주 캠프로 하여 광주에서 제주로 끊임없이 옮겨다니며 글을 쓰고 북한으로 유럽으로 이어지는 그의 방랑끼도 끝이 없다. 또 자신이 의도한 바는 아니지만 교도소에서도 수년을 보냈으니 그의 유랑벽은 알아줄 만하다.

　이런 유랑생활과 방대한 독서로 그는 이미 입심에 관한 한 한국 최고로 알려져 있어 이름하여 '황구라'로 불리고 있다. 임수 인생코드의 러시아 작가들인 솔제니친이나 보리스 파스테르나크도 자신들의 인생이나 대표작 주인공 모두 유배된 사람들이다.

　바다 같은 지식욕, 지혜와 총명 그리고 유연함과 자유로움이 이들의 특징 임을 살펴보았다. 그렇다면 이들은 어떤 또다른 면을 가지고 있을까? 속내를 알 수 없다는 면이다. 대단한 유랑끼에 지식이 덧붙여지면 도대체 무슨 생각을 하는지 알 도리가 없다. 마오쩌둥에 관해 이런 일화가 있다.

　1971년 미중 데탕트를 이끌어냈던 키신저는 마오쩌둥의 첫 인상에 대해 "도저히 무슨 생각을 하는지 알 수 없는 표정"이라고 묘사했다. 대정치가들에게 나타나는 일반적인 풍모이긴 하지만 이 분야에서 당대 최고수였던 헨리 키신저에게도 속내가 읽히지 않는 인물이었다. 내가 다니던 통신사에 임수 인생코드의 국장이 있었는데 겉표정만으로는 무슨 생각을 하는지 알 수 없어 얼마간 이야기를 한 후에야 그의 생각을 겨우 짐작할 수 있었다. 임수 인생코드는 이런 면모를 갖고 있어 자신을 드러내지 않고 감춘다는 오해를 불러일으키기도 한다.

그러므로 당신이 임수 인생코드의 인물이라면 자신을 자주 표현함으로써 상대방이 짐작할 수 있도록 배려하는 것도 좋다. 특히 한 조직의 최고 리더가 아니라면 이런 성향은 오해는 물론 상대에게 위협으로까지 느껴져 불이익으로 연결되기도 한다.

유연함과 자유로움은 장점이자 단점으로 작용한다. 이런 성향은 결정해야 할 중요 사안에 대해 분명한 입장을 취하지 않아 혼돈을 불러일으키고 게으른 것처럼 보이기도 한다. 또 이들은 술을 즐기고 과음하는 경향이 있다.

내가 아는 H그룹 박모 부장은 임수 인생코드의 사람으로 술을 마시기 시작하면 끝낼 줄을 몰라 2차 3차로 연이어 가는데 그렇다고 크게 술주정하는 것도 아니다. 당연히 위의 기질들은 여성들에게도 해당된다. 기존의 명리서들에 따르면 이들은 성적 욕망도 강하다고 기술되어 있다.

열개의 인생코드 유형 중 병화 인생코드와 더불어 가장 과음 폭음하는 유형이다. 또 열개 인생코드 유형 중 장점과 단점이 가장 두드러지게 나타나는 유형이다. 단점은 자유로움이 방종으로 나타날 때다. 이들이라면 특정한 직종 업종보다 유연성 자유로움을 필요로 하는 직무를 선택하는 것이 좋다. 특히 이들은 상당한 기획력의 소유자들이어서 이런 자질을 집중 계발해보는 것도 좋다.

  생명의 근원은 물이다. 물은 유연하고 막히면 돌아간다. 더구나 하늘에서 내리는 빗물이 아니라 이미 땅에 떨어져 흘러가는 탁수라면 온갖 것이 섞여내려가는 물이어서 모든 것을 품을 수 있지만 그렇기에 불분명한 구석도 많다.

계론 癸論 | 고독에 침잠하는 자존

계수癸水는 시냇물이나 이슬비다. 계수 인생코드는 안개처럼 예민하고 그윽하며 온화하게 정진하는 타입이다. 고독에 침잠하면서 자존심으로 무장되어 있고, 내공을 뿜어낼 때면 가공할 만한 깊이와 정교함으로 사람들을 감동시킨다.

그러나 이러한 인생코드가 부정적인 방향으로 작동하면 이기심으로 똘똘 뭉쳐져 자기중심적 입장에 매몰되기도 한다. 까칠한 나머지 접근하기 어려워지고 말 붙이기가 어려운 성향을 갖게 된다.

계수 인생코드의 인물을 든다면 독일 철학자 칸트, 음악의 성인 독일의 베토벤, 중국 국가주석 시진핑, 소설가 이문열, 테레사 수녀, 빙상의 요정 김연아, 아사다 마오를 들 수 있다. 독일 철학자 칸트, 아리스토텔레스 이래 인식론을 최고의 경지로 끌어올린 그는 계수 인생코드의 전형이다.

칸트는 중세의 형이상학을 전복하고 르네상스로 꽃핀 인간 이성을 중심으로 비판철학을 개화시켜 근대철학의 최고봉이 되었다. 인문학 지도를 쓴 스티븐 트롬블리는 "근대 유럽철학을 좀 더 엄밀하게 정의하면 그것은 칸트에 대한 각주라고 할 수 있을 것"이라고까지 평가했다.

그의 탐구열정은 범인의 상상을 초월한다. 늦은 나이에 이르기까지 안정된 자리에 있지 못했지만 그의 연구는 지속되었다. 그의 긴 성찰의 여정은 1781년 57세에 이르러서야 〈순수이성비판〉을 시작으로 그 결과물들을 쏟아내기 시작했다. 온화하게 정진한 삶의 결과물인 셈이었다. 그의 규칙

적인 생활은 "칸트의 산책시간을 보고 시각을 맞출 정도였다" 할 정도니, 이는 같은 모양 같은 속도로 쉼없이 흐르는 시냇물과 같다고 할 수 있다.

김연아와 아사다마오에게는 정화 인생코드인 이효리나 신금 인생코드인 마릴린 먼로가 보여주는 것과는 다른 색깔의 화사함이 있다. 찬기운이 응축되어 빛나는 얼음처럼 절제되고 냉정한 아름다움을 내뿜는다.

김연아와 아사다 마오를 보라. 그들은 모두 가을날의 이슬로 (김연아는 신월申 계수癸水, 아사다마오는 유월酉 계수癸水) 사주의 구조가 아주 유사하다.

다만 김연아가 강하고, 아사다 마오가 약하다. 그들은 또 도화살도 함께 갖고 있어 인기의 여왕들이다. 둘 다 온화한 피겨 스케이팅의 구도자들이다. 그런 점에서 칸트와 유사한 면모를 보인다.

또 계수 인생코드는 임수와 함께 같은 수水일지라도 상당한 차이가 있다. 임수 인생코드의 황석영과 계수 인생코드의 이문열은 한국에서 최고 반열에 오른 작가다. 모두가 물이 갖고 있는 유연함이 있다.

하지만 임수 인생코드는 장강대하처럼 유장하고 계수 인생코드는 끝없이 솟아나는 샘물처럼 쉼이 없고 은은하다. 이는 이들의 작품활동에서도 드러난다.

제주는 물론 북한을 거쳐 유럽까지 이어지는 황석영의 무대와 유랑끼는 알아줄 만하다. 하지만 이문열은 좀 다르다. 이문열 역시 끝없이 자신의 작품을 누에고치 실뽑아 내듯 펴냈지만 그는 샘물처럼 정주해 있다. 황석영은 일필휘지하듯 자신의 문재를 호방하게 펼치고 이문열은 섬세하게 피륙을 짜듯이 작품을 구성한다.

계수 인생코드는 일반적으로 유명인이 아닌 경우는 자신의 특질을 분명히 드러내지는 않는다. 마치 기토 인생코드처럼. 계수는 열개의 인생코드 중 가장 음적陰的이다. 병화 인생코드가 열개의 인생코드 중 가장 양적陽的인 것이라면 계수는 그 반대다. 병화 인생코드가 자신의 기질을 가장 강렬하게 내보이는 특징을 가졌듯이 계수 인생코드는 그 특질이 숨겨져 있다.

을목 인생코드인 모짜르트와는 달리 계수 인생코드인 베토벤의 작품에는 장중하고 웅장한 가운데 엄숙과 고뇌가 서려 있다. 모짜르트 작품이 경쾌하고 명랑한 봄날의 정원이라 한다면 베토벤은 역사와 삶의 흔적이 구석구석 배어 있는 독일의 고성이라고 말할 수 있다. 베토벤의 작품 이면에는 음陰의 특징인 엄숙과 고뇌가 스며있어 극적 감동을 배가시킨다.
다만 고뇌와 엄숙함이 지나치면 우울함으로 이어진다. 그러므로 계수 인생코드는 자신의 심리적 상태를 늘 명랑하도록 유지해야 한다. 게다가 이들은 사태를 수동적으로 바라보는 경향이 있다. 이것이 일상에서 이슬처럼 고와 보이는 것이다.

이 코드의 사람들은 대체로 성품, 용모 등이 곱다. 하지만 규모가 큰 일을 다루는 과정에서는 소극적인 성향으로 나타난다. 이는 또 자기중심적 성향으로 표현되기도 한다.

내가 만난 사람 중 모 그룹의 홍보담당 임원이 있는데 그가 계수 인생코드였다. 그는 늘 냉철하게 상황을 판단하고 회사와 그룹의 홍보 광고를 담당했지만 관련 미디어 업계에서 '짠 사람'으로 알려져 있었다. 이렇게 알려진 데는 해당 그룹과 기업이 경쟁기업에 비해 홍보, 광고예산이 현저하게 적었던 것이 근본적인 이유였지만 그의 기질적 성향도 한몫 거든 것으로 보였다.

이들은 상대방의 마음상태를 빨리 알아채는 눈치박사들이다. 이들은 어떤 모임에서도 각 구성원들이 어떤 입장에 처해 있는지 순식간에 알아 차리는 능력이 있다.

여기에 능동성이 결합되면 매우 싹싹한 사람이 된다. 하지만 지나치면 잔머리를 굴리는 사람으로 비쳐져 깊은 신뢰를 얻기가 어렵게 된다. 그러기에 이들은 이러한 자기성향을 완화하는 노력을 부단히 기울여야 할 것이다.

이런 사람들이라면 어떤 일이 좋을까.

이미 사례가 많은 것을 보여주고 있다. 다만 어떤 특징을 자신의 무기로 삼아야 하는가가 중요하다. 온화하게 지속적으로 밀고 갈 만한 일이라면 다 좋다. 달리 말한다면 기획과 상황 판단을 빨리 해야 하는 직무라면 좋겠다.

조사하는 일도 좋겠다. 가령 통계청 공무원, 재난방지센터 판단관, 기업의 검사파트 이런 식으로 연상해 가도 좋다. 이들이 봉사단체에 일하는 것도 어울린다. 상황판단이 빠르고 타인을 동정적으로 바라보는 성품이 있기 때문인데 테레사 수녀가 그런 사람이었다.

계수는 열개 인생코드 중 마지막 코드이다. 계수가 지나면 곧 갑목으로 이어진다. 모아지고 응축된 기운은 다시 새순처럼 솟아난다. 이것이 갑목 기운인데 이는 계수의 기운이 있었기 때문이다. 이렇게 자연의 기운은 순환하면서 생명은 지속된다.

코드	음양	오행	이미지 / 특징	대표인물
갑甲	+	목木	은행나무, 곧음, 새순, 돌출, 빼어남	메르켈, 메시, 피델 카스트로, 김수영, 에디뜨 피아프, 남경필
을乙	−	목木	등나무, 넝쿨, 풀, 질긴 생명력, 바람, 소식	김대중, 성철, 손정의, 다이애나비, 빌 클린턴, 서장훈, 신경숙, 안철수, 정대세
병丙	+	화火	태양, 화산, 정열, 뜨거움, 시원시원함, 화통	스티브 잡스, 박찬호, 백지연, 타블로
정丁	−	화火	촛불, 등대, 꽃, 다정, 부드러움, 위로, 따스함	저우언라이, 조정래, 정약용, 이효리, 에디슨, 유재석, 박지성, 김택진
무戊	+	토土	지리산, 험산, 포용, 두터움, 수집, 배포	칼 맑스, 레닌, 덩샤오핑, 박찬욱, 손석희, 박인비, 반기문
기己	−	토土	평야, 전답, 키움, 노력, 일관성, 모호함	프로이트, 융, 브라암스, 공리, 김지미, 정태영
경庚	+	금金	기암괴석, 원광석, 의리, 용기, 결단, 과묵	가우디, 정주영, 박태환, 임요환, 박범신
신辛	−	금金	보석, 정교, 세심, 냉정, 날카로움	마릴린 몬로, 그레이스 켈리, 아인슈타인, 스티븐 호킹
임壬	+	수水	큰 강, 바다, 유연, 자유, 지혜, 암흑, 범람	마오쩌둥, 이건희, 빌 게이츠, 황석영, 이승엽, 싸이, 하정우, 봉준호, 강우석
계癸	−	수水	비, 이슬, 서리, 샘, 그윽함, 정진, 고독, 자존	칸트, 베토벤, 시진핑, 이문열, 김연아, 아사다 마오, 박진영

② 지지론의 적용 세 유형의 기질

사주팔자 안에는 인간의 기질을 살펴볼 수 있는 다양한 코드가 결합되어 있다. 인간은 누구나 열개 중 한 개의 인생코드를 부여받았다. 이제 각각의 인생코드가 어떤 방식으로 작동하는지를 탐색해보자. 십간은 인생코드 그 자체를 결정한다. 반면 열두개의 지지는 각각의 인생코드가 어떤 방식으로 움직이는지 암시한다. 이 열두개의 코드는 월을 나타내는 인묘진사오미신유술해자축 寅卯辰巳午未申酉戌亥子丑으로 표시한다.

절기를 나타내는 달력을 기준으로 인월 寅月 부터가 새해이다. 인월부터 시작된 봄은 사월 巳부터 여름으로 바뀐다. 이어 신월 申부터 시작된 가을은

역마기운	인사신해 寅巳申亥	계절의 시작
도화기운	묘오유자 卯午酉子	계절의 절정
화개기운	진미술축 辰未戌丑	환절기

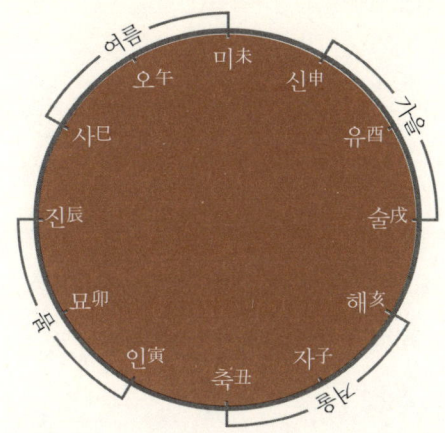

해월亥이되면 겨울로 바뀐다. 인묘진寅卯辰은 봄이고, 사오미巳午未는 여름이다. 신유술申酉戌은 가을이며, 해자축亥子丑은 겨울이다.

열두개의 지지地支는 계절의 순환을 이해하면 쉽게 이해할 수 있다. 위 도형에서 보는 것처럼 인사신해월에 모든 계절이 시작된다. 각각의 계절은 묘오유자월에 이르면 완전히 제 계절답다. 그 후 무르익은 계절이 더 지나가면 다른 계절로 이행한다. 그 시기가 진미술축월이다.

우리는 계절을 봄, 여름, 가을, 겨울로 이해하지만 좀 더 유심히 관찰하면 각 계절 내에도 많은 차이가 있다. 인사신해월이 되면 계절의 변화가 분명하게 드러난다. 초봄, 초여름, 초가을, 초겨울이 주는 이미지다. 질의 변화다. 겨울의 질에서 봄의 질로 변화를 일으켰다. 질적변화가 심한 것이다. 그렇기에 인사신해를 변화기운이라고 표현한다.

옛날식으로 말한다면 역마기운이다. 역驛을 기점으로 말을 갈아타듯이 변화의 시점이다. 그렇기에 역마기운이 많은 사주는 유목민적 성향을 갖는다. 이 시기가 지나가면 묘오유자월이 되는데 이때는 봄이 가장 봄답고

음양오행론의 운명론적 해설 § 97

가을이 가장 가을답다. 꽃이 만개하듯 계절이 만개한다. 이를 옛사람들은 도화桃花기운이라고 표현했다. 연분홍 복숭아꽃이 활짝 핀 봄이다. 사주상에 이 기운이 많으면 연분홍 복숭아꽃처럼 아름다워 벌과 나비가 모여드는 격이니 인기 만점이다.

그러나 모든 꽃은 언젠가 지듯이 계절도 저물어간다. 계절에서 계절로 바뀌는 진미술축월이 이에 해당한다. 이 계절은 계절의 특징이 불분명하다. 이런 계절을 화개華蓋기운이라고 한다. 즉 빛나고 화려한 계절을 덮는 기운이다. 그러므로 이 기운은 성찰, 숙고, 반성과 닿아있다. 이 기운을 많이 가진 사람은 성찰하고 숙고하고 깊이 생각하는 힘이 있다. 철학자 종교인 같은 성향인 사람이다.

실제 사주상의 지지에 한 가지 기운만으로 되어있는 전형적인 사람은 드물다. 대개의 사람들은 세가지 타입의 다양한 조합으로 되어 있다.

1. 역마기운만으로 된 전형적인 사주
   인사신해, 인신사해, 사신인해, 해신사인 등 네 글자가 다양한 조합으로 배치된 경우다.
2. 도화기운만으로 된 전형적인 사주
   묘오유자, 묘유오자, 오유묘자, 자오유묘 등 네 기운이 다양한 조합으로 배치된 사례다.
3. 화개기운만으로 된 전형적인 사주
   진미술축, 진술축미, 미술축진, 술축진미 등 네 글자가 다양한 조합으로 배치된 경우다.
4. 역마와 도화, 역마와 화개, 도화와 화개로 이루어진 사주
   역마기운 한 개에 도화기운 세개로 이루어진 사주, 역마기운 두개에

도화기운 두개, 도화기운 두개에 화개기운 두개 등 다양한 방식의 조합이 나온다.

5. 마지막으로 역마, 도화, 화개가 다양하게 뒤섞여 있는 경우다.
지지가 인오축사로 되어 있다면 인과사는 역마기운 오는 도화기운 축은 화개기운으로 조합되어 있다.

역마기운 | 한 곳에 머무를 수 없는 현대판 노마드

돌아다니는 것을 좋아한다면 당신은 인생코드에 역마기운이 있다. 역으로 인생코드에 인신사해寅申巳亥가 모두 있다면 당신은 유랑을 운명적으로 타고난 사람이다.

자의든 타의든 한 곳에 안주하지 못하고 직장을 자주 옮기거나 산천을 돌아다니는데 익숙하다면 당신은 이런 유형의 사람이다. 특히 요즈음은 국내는 물론이고 오대양 육대주로 주유천하를 하는 사람이 많다. 이런 사람들은 변화를 갈망하고 번잡함에도 익숙하다. 이들이야 말로 현대판 노마드다. 유목민적 성향을 가진 그대는 정주와 정주민 사이에 만들어진 위계를 힘들어하며 체계와 질서를 파괴하는데 익숙하다.

이 유형의 전형으로 김삿갓이 있다. 김삿갓으로 알려진 19세기초 조선후기 시인 김병연, 그는 비운의 천재였고 유랑을 평생의 업으로 살아갔던 무경계의 자유인이었다. 한국문화예술위원회 자료에 의하면 그가 방랑으로 인생을 시작했던 계기는 극적이다. 그는 할아버지가 누군지도 모른채 살다가 과거에 응시하여 장원급제한다. 당시 백일장의 시제는 '가산군수 정시의 죽음을 논하고 하늘에 사무치는 김익순의 죄를 탄식하라'는 것이었다. 김병연은 타고난 글재주로 김익순을 탄핵하는 글을 거침없이 적어 장원을 차지한다.

그러나 이게 무슨 운명의 장난인가? 자기가 탄핵했던 김익순이 자신의 할아버지였던 것이다. 그것도 어머니로부터 이 사실을 알게 된다. 하늘이 무너지는 듯한 이야기를 들은 김병연은 이후 방랑으로 세월을 보내다 마침내 57세의 나이로 전라도 적벽강 흔들리는 배에 누워 기구했던 한평생을 회고하며 세상을 하직한다. 그는 당대 명문 안동 김씨 가문에 태어났지만 집을 떠나 죽을 때까지 삼천리 방방곡곡을 유랑하며 수많은 시를 남기고 일생을 마쳤다.

사주팔자에 인신사해가 모두 있다면 역마기운이 하늘을 찌르는 셈이다. 역마살이란 계절의 문턱이 주는 느낌과 이미지에 해당하는 기운이다. 즉 초봄, 초여름, 초가을, 초겨울이 뿜어내는 기운이다. 특히 초봄이 음에서 양으로 넘어가는 계절적 변화라면, 초가을은 양에서 음으로 계절이 바뀌는 시점이다. 봄을 영어로는 스프링spring이라고 하는데 용수철이란 뜻도 있어 튄다는 의미가 강하게 포함되어 있다.

이러한 때는 계절의 변화가 더할 나위 없이 심한 것처럼 역마 인생코드를 가진 사람은 변화기운을 자신의 DNA처럼 달고 산다. 우선 이들은 잘 돌아다닌다. 이들에게는 유독 돌아다닐 건수가 빈번하게 발생한다. 일반 사람에 비해 부산으로 제주로 전국 방방곡곡으로 쉽게 움직인다. 국내만이 아니다. 중국에 있었던 게 어제였는데 오늘은 인도에 있다. 일과 직업도 한군데 붙박이로 있는 것을 답답해하며 직장도 빈번히 옮기고 직업도 쉽게 바꾼다. 직장내에서도 내근보다는 외근을 선호한다. 안철수씨의 경우도 역마기운이 아주 강한데 그는 의사에서 교수로, 교수에서 기업가로, 그리고 유명한 강연자와 정치가로 자신의 아이덴티티를 끊임없이 변화시켜왔다. 이런 특징은 박정희 전 대통령도 유사하다. 박 전대통령도 교사에서 군인으로, 군인에서 정치가로 자신의 아이덴티티를 바꿔왔는데 사주내에 인신사해 네 개가 모두 있다.

이들에게는 땅에 뿌리박고 토박이로 살며 정체성과 배타성을 이루기보다 정해진 형상이나 법칙에 구애받지 않고 바람이나 구름처럼 이동하며 고정관념과 위계질서로부터 벗어나려 하는 유목민의 특징이 있다. 그러기에 이들은 때로 반역의 기질도 있으며 변혁의 인생인자를 갖고 있다.

만일 당신이 유목민적 인생코드인 역마기운이 왕성하다면 어쩔 수 없는 노마드적 본능에 당신을 맡겨라. 당신은 누구보다도 유랑하는 가운데 새 것을 찾아내 당신의 것으로 만드는 재주를 갖고 있다. 역마가 왕성한 당신이 아마도 조선시대에 태어났다면 비운의 천재 김삿갓이 되었거나, 전국을 떠돌아다녀야 하는 사당패가 되었을 수 있다. 정주와 농사가 주업이었던 당시였다면 당신은 아웃사이더였다.

하지만 현대는 사람과 자본, 기술과 생각이 대량으로 이동하는 노마드의 시대가 아닌가? 그런 의미에서 현대는 역마기운을 가진 사람들의 무대다.

그렇다면 이들에게 어울리는 일에는 어떤 것이 있을까? 여행업, 운수업, 항공업 등 항공, 교통 등에 관련된 분야가 우선 떠오른다. 세계 여행이 생활의 일부가 된 지금 다종 다양한 여행상품을 만드는데 이런 기질을 가진 사람만큼 어울리는 사람도 없을 것이다. 역마살과 식신食神이 있다면 여행작가로 좋다. 식신은 무엇인가를 풀어내는 기질인데 역마와 식신이 만나면 각지를 돌아다니면서 무언가를 풀어낸다.

세계 각지를 돌아다니며 프로그램을 찍어야 하는 피디, 카메라맨, 인터뷰어도 어울린다. 또 외교관을 포함해 유엔이나 유니세프 등의 국제기구에 종사하는 것도 좋다. 산이나 강을 관리해야 하는 국토부와 국립공원관리공단은 어떨까. 거기다가 내근보다는 외근이, 총무 인사, 기획보다는 마케팅 등 대외 업무가 어울리겠다. 만일 역마살이 재성財星과 연결된다면 세계를 대상으로 한 무역업도 좋다. 또 역마살이 관성官星과 연결된다면 조직 관리 업무에도 역량을 발휘한다.

그렇다면 이들에게는 어떤 것이 단점일까? 역마 그 자체가 장점이자 단점이다. 역마코드를 가진 사람은 쏘다니기를 좋아하는 나머지 차분히 앉아서 자신을 정리하지 못한다. 그런 까닭에 중심이 없이 산만하다. 산으로 들로 나돌아다녀 집안에 불만을 사게 된다. 이런 사람이라면 화개기운辰戌丑未을 가진 사람을 친구로 두어 성찰, 관조, 침잠, 천착, 사유 등 정주인의 덕목을 익히는 것이 좋다.

이들이라면 토(戊/己), 금(庚/辛), 수(壬/癸)의 인생코드를 가진 사람이 어울린다. 토금수는 중화 내지는 음기운으로 사방팔방으로 천방지축 뛰어다니는 역마살을 완화시켜줄 수 있기 때문이다. 게다가 개신교도, 천주교도라면 기도, 불교도라면 수행, 무신론자라면 인문학적 독서나 교양을 통해 자신을 차분하게 만드는 기회를 가져야겠다.

과거라면 꺼려했을 역마코드의 인생이 이제는 환영받는 시대가 되었다. 전세계는 각종 교통 통신 수단의 발달로 하나가 되었고, 사람과 물자의 이동은 빈번해졌다. 역마살을 생의 인자로 갖고 태어난 사람들은 자신의 인생유전자에 따라 자유롭게 살라. 유랑은 기회다. 당신이라면 유랑을 힘들어하지 않고 즐기는 가운데 보물을 건져낼 역량을 지니고 있다.

도화기운 | 매력과 끌림의 DNA

당신 사주팔자에 묘오유자卯午酉子 네가지 글자가 다 있다면 도화기운이 흘러 넘치는 사람이다. 세 글자라면 글자가 주는만큼 도화기운은 줄어든다. 도화란 끼 요염함 매력 화사함 끌림으로 풀이되며, 이 기운을 지닌 이는 대개 매력적이고 화사하다. 또는 소소한 일상사에서 주위로부터 늘 인기를 누리는 이라면 필경 도화기운을 내뿜는 사람이다.

역사상 극단적으로 도화살이 작동한 사람을 들라면 단연 이탈리아의 카사노바일 것이다. 그의 화사함과 매력은 꼭 여성을 향한 것만 아니었다. 그는 십대 청년시절에 법학박사 학위를 받은 재사로 화학과 철학에 조예를 보였으며 펜싱, 도박을 비롯한 온갖 종류의 오락에 심취했다. 그는 유럽 전역을 돌아다닌 모험가이자 외교관이었으며 때로 스파이로 열렬한 탐험욕의 소유자였다. 또 모국어인 이탈리아어를 비롯해 불어, 영어, 라틴어 등을 종횡으로 구사하는 언어의 달인이었다.

이러한 그의 다재다능한 정열이 '도화'의 매력으로 작용하면서 뭇 여성들은 그에게 걷잡을 수 없이 빠져들었고, 그런 까닭에 많은 여성들이 기약없이 떠나 다시 오지 않을 카사노바의 안전을 위해 간절히 기도했던 것이다. 그는 자신과 함께 했던 122명에 달하는 여성들과의 이야기를 방대한 분량의 자서전으로 남겨 자신이 전설의 바람둥이었음을 입증했는데, 그와 같은 자서전을 다시 만나기란 쉽지 않을 것 같다. 그가 남긴 무수한 일화 가운데 도화기운을 보여주는 일화 하나를 소개해보자.

카사노바가 살던 당시 베네치아 두칼레 궁전은 수로 위 다리를 통해 피리지오니 누오베라라는 감옥과 연결되어 있었다. 종신형을 받은 죄수가 궁전 법원에서 나와 다리를 건너 감옥으로 들어가면 평생 나오지 못했다고 한다. 당시 이 감옥을 탈출한 유일한 인물이 카사노바였다. 이 이야기는 시작부터 끝까지 여성이 등장한다.

우선 카사노바는 어린 소녀와 관계한 데다 동행한 두 명의 수녀들과 정분을 나눈 죄, 게다가 판사의 부인을 유혹한 죄로 누오베라 감옥에 수감된다. 그의 탈출에 대해 가장 그럴 듯한 설명은 그에게 5년형을 판결한 판사의 부인에게 요청하여 열쇠와 옷을 챙겨 탈옥했다는 설이다. 그 판사의 부인과 놀아난 탓에 철창 신세가 되었으므로. 카사노바는 떠나는 마당에도 유머를 잊지 않아, 자신의 판사 앞으로 다음과 같은 글을 남겼다. "당신들이 나를 가둘 때 나의 동의를 구하지 않았듯이, 이제 나도 자유를 찾아 떠남에 당신의 동의를 구하지 않을 것이오."

카사노바 이야기에는 몇가지 특징적인 대목들이 눈에 들어온다. 우선 그 어떤 여성도 그를 원망하거나 소유하려고 하지 않았고, 대부분 그를 사랑해 몸과 마음을 허락했다는 점이다. 아마 그는 매력에 더해 상대를 섬세하게 배려했고 자유로운 영혼으로 그녀들을 지배하거나 소유하려들지 않았음이 분명하다.

과거, 도화살은 멀리해야 할 기질이었다. 도화가 많으면 음란하고 천박한 운명이라 해서 남자는 주색에 방탕하고 여자는 화류계 등으로 전락할 가능성이 많다고 여겨 꺼렸다. 물론 도화살이 많고 삶에 부딪침이 많으면 인생에서 악재가 동할 가능성이 많다. 하지만 만남과 개방의 시대, 소통의 시대, 비쥬얼의 시대에 도화코드는 자신을 빛나게 해주는 스타일리쉬 코드다.

도화코드는 끼다. 이 코드가 있는 사람은 다양한 사안에 민감하게 반응한다. 눈과 귀, 코와 입으로 들어오는 모든 정보는 그들이 가진 민감한 감각으로 가공되어 발랄하고 개성있는 소재로 바뀐다.

차이코프스키와 조용필을 남보다 예민한 귀로 감상하고, 고흐와 겸재 정선이 묘사한 선과 색을 남보다 예리한 눈으로 해석한다. 현상의 다채로움에 빨리 반응하는 그들은 스스로 화사함을 띠고 타인의 눈길을 끌게 된다. 이러한 화사함이 성적 매력으로 이어지면 요염하고 농염한 분위기를 자아내 섹시한 사람으로 표현된다.

이들은 이런 코드로 인해 노래나 춤, 색 등 예술적 감각이 유독 발달하여 묘한 매력을 풍긴다. 그런 까닭에 이런 유형의 사람들과 노래방에 가게되면 그 자리는 아연 활기를 띠게 된다. 만일 당신이 그런 유형의 사람이라면 당신의 끼를 발산해라. 당신의 끼가 타인을 즐겁게 할 것이다. 그리고 당신이 날리는 한마디는 자리를 유쾌하게 만든다. 그런 의미에서 당신은 '재미있는 사람'이다. 이런 사람들에게 어울리는 분야가 있다면 우선 연예계다. 화려함과 즐거움이 상품인 연예인이라면 당연 타고나야 하는 인생코드다. 아무리 용모가 아름답다 하더라도 도화코드가 없다면 그는 얼음공주거나 냉정한 귀공자일 따름이다. 그렇기에 연예인이 도화코드가 없으면 커다란 인기를 누리기는 어렵다.

다음으로 예술문화분야가 있다. 음악과 미술, 시, 소설 등을 잘 소화해 낸다. 이들을 가공해 새로운 콘텐츠를 만드는 디자인 기획 코디네이션 등에서도 신선하고 특별한 결과물을 생산할 것이다. 여기에는 자동차, 휴대폰 심지어 비행기 디자인까지 포함된다. 현대에 이르러 도화코드가 있는 사람들이 환영받을 수 있는 일자리는 너무 많아졌다.

도화코드인 사람이 정치분야에서 일하면 그는 훌륭한 조직가가 된다. 남자건 여자건 그와 이야기하는 것을 즐거워하며 그의 안내 또는 지시를 기분나쁘지 않게 받아들인다. 지인 중 조직에 관하여 특별한 재능을 가진 후배가 있었는데 그의 도화살은 딱 관官하고 연결되어 있었다. 만일 이런 사람이 비즈니스와 연결된다면 어떨까? 그는 독특하고 기발한 아이디어를 발굴하는데 능력을 발휘할 것이다.

인기와 끼로 무장된 당신이기에 질곡으로 빠져들 위험이 도사리고 있다. 당신은 스스로 자신의 끼와 타인들이 보내는 관심에 도취하여 진지한 성찰을 게을리한 나머지 삼류 인생으로 전락할 수 있다. 이를 방지하기 위하여 철학적 사유를 즐기는 화개코드(辰/戌/丑/未)가 있거나 금(庚/辛)과 수(壬/癸)

가 인생코드인 사람을 친구로 두는게 필요하다. 그들의 도움을 받아 당신의 '못말리는 끼'를 순화시키는 것이 좋다.

이 유형의 인생코드는 맺고 끊는 것이 불투명하다. 모든 이성을 자신의 친구로 삼게 되어 불필요한 풍문에 휘말릴 수 있다. 자신의 끼와 인기를 길거리의 복잡한 관계에 흘리고 다니지 마시라. 이렇게 진흙밭에 뒹구는 시간이 지속된다면 당신의 내면은 취약해지고 그나마 있는 재능도 허공으로 날아간다. 또 모든 것에 관심을 기울이지 마라.

한 인간이 갖고 있는 능력은 그리 크지 않다. 당신의 다양한 호기심으로 하나의 재능조차도 갈고 닦지 못할 수 있다. 많은 만남 속에서도 혼자만의 시간을 갖도록 노력하며 내면을 다져라. 이런 사람들은 가끔 속이 허하다.

도화코드를 가진 사람들은 빛과 색과 스크린의 시대에 재빨리 적응하는 사람이다. 현대는 화려하고 개방된 만남이 널려있지만 깊숙한 곳에 고독이 도사리고 있다. 당신은 그 고독한 사람들에게 즐거움을 선사할 수 있는 강력한 능력을 지녔다. 그것을 즐겨라.

화개기운 | 본원적 물음을 가진 사색가

도화가 끼와 인기이고 역마는 유랑인데 반해 진술축미가 있다면 성찰과 구도에 마음이 간다. 이를 화개기운이라고 말하는데 산다는 것은 무엇인가? 죽는다는 것은 무엇인가? 이런 질문을 자주 던지는 사람이다. 이런 사람들은 철학적 사유로부터 종교적 사유까지 본원적인 물음으로 몸과 마음이 끌려간다. 당신이 일하는 조직에서 도사로 불리거나 본원적인 의문에 해박한 지식이 있다면 분명 그런 사람이다. 이런 사람들은 이른 나이에도 종교, 철학, 사상서들을 가까이 하며 조숙한 면모를 보인다.

한국인 승려 최초로 미국대학 교수라는 특별한 인생을 살고 있는 혜민스님이 떠오른다. 그는 한국에서 고등학교를 졸업하고 UC버틀리대로 영화를 공부하러 유학을 떠나지만 하버드대에서 비교종교학 석사, 프린스턴대에서 종교학 박사를 받은 후 매사추세츠 주의 햄프셔대에서 종교학 교수로 재직중이다. "혼자서 도 닦는 것이 무슨 소용인가. 함께 행복해야지"라는 생각으로 시작한 트위터가 놀라운 속도로 리트윗되어 그는 '가장 영향력있는 트위터리안'으로 손꼽혔다. 영화를 공부하러 간 한 젊은이가 어떤 계기로 종교학에 빠져들었으며 결국 출가를 결심, 2000년 봄 해인사에서 사미계를 받아 조계종 승려가 되었을까?

'영혼의 멘토, 청춘의 도반'으로 불리우는 그는 위로와 성찰이 담긴 인생 잠언으로 젊은 나이에 영향력 있는 인물이 되었는데, 그가 쓴 책 〈멈추면, 비로소 보이는 것들〉에서 그의 성찰적 성향이 드러난다.

그는 중국 북경에서 유학 하던 중 유학동료 존에 큰 감명을 받는다. 당시 동료였던 존은 금요일만 되면 학교 기숙사에서 사라졌다. 나중에 알고 보니 혜민이 놀러다니는 사이에 존은 주말이면 북경역에서 기차를 타고 마을 전체가 에이즈에 감염된 지역에 가서 고아가 된 아이들을 위해 몰래 봉사하고 돌아오는 것이었다. 경쟁사회에서 끝없이 자기 개발만을 추구하는 사례들만 보아온 그에게 삶의 의미를 찾아가는 존의 모습은 일대 충격이었고 '하버드'를 통해 배운 최고의 가르침이 되었다고 회고한다.

누구라도 존의 모습을 보고 감명을 받았겠지만 그로 인해 스스로도 구도의 길로 들어가기란 쉽지가 않다. 명리학적 관점에서 보면 이미 혜민의 내면에 삶을 성찰하는데 깊은 관심을 가진 인생코드가 내재해 있었다고 보여진다.

이들의 특징이라면 어떤 것들이 있을까? 이들에게는 언제나 삶과 죽음에 대한 관심이 다른 사람들보다 유독 많아, 어린 나이에도 카톨릭 개신교 불교 등의 청소년 프로그램에 열심히 참여하곤 한다.

또는 철학 등 인문학 관련서적을 찾아 읽고 심하게는 아예 인생의 방향을 구도에 두기도 한다. 직장생활을 하더라도 종교생활에 심취해 있거나 관련 프로그램에 참가하기를 즐겨하고 직장생활 속에서도 인생이 덧없음을 느끼며 늘 허하게 느낀다. 템플스테이, 피정, 기도회 등을 찾아가 비어있는 가슴에 무언가 채워지기를 갈구하며, 인생의 후반기에는 자연의 변화무쌍함을 느끼며 구도자적 노년을 꿈꾼다.

그래서인지 이들은 진지하다. 가볍고 발랄해야 할 모임에서도 너무 진지한 나머지 분위기를 가라앉히는 작용을 한다. 이들은 먹고 마시고 즐거워하는 것을 시시하게 생각한다. 이들은 떠들썩하거나 분주하고 톡톡 튀는 사람이나 분위기에 잘 적응하지 못하는 경향이 있다. 지나친 진지함 탓에 한 가지 문제에 몰두하여 균형있는 판단을 하지 못하는 경우가 있는데 특히 곤경에 빠졌을 때 이런 단점은 배가된다.

그리하여 마음의 문을 닫아걸거나 자신을 내보이는 데 익숙하지 않아 고립된다. 곤경에 처해 한동안 나타나지도 않고 연락이 되지 않는 등 은둔의 시간을 보내기도 한다. 심리학에서 자기중심성이란 말이 있다. 인간은 자신이라는 한계에 갇혀 있기 때문에 어쩔 수 없이 자기중심적으로 생각하고 그에 따라 행동한다는 이론이다. 화개기운이 강한 인생코드의 사람들은 자기중심성이 강한 탓에 몰입은 강하지만 공감능력이 취약하다.

아무리 많은 재산이라도 그것을 감당할 수 없다면 오히려 재앙이 되듯이 성찰과 진지함도 과다하게 되면 우울증에 빠지게 된다. 어린 나이에 삶과 죽음을 지나치게 골똘히 생각한다면 청년같지 않은 것이다. 그러므로 이런 성향의 사람들은 늘 다음과 같은 점들을 염두에 두어야 한다.

당신의 어깨 위에 온 세상의 짐을 짊어지지 말라. 당신에게 필요한 것은 즐거운 일과 사람이다. 10년 전 나는 몇몇의 여자들부터 미팅요청을 받았다. 모두 S대를 나온 재원들로 40대 중반인, 인생의 맛과 멋을 느끼고 누릴 만한 나이였다. 과거 운동권이었던 그들은 여전히 사회적 책무에 짓눌려 있었고 얼굴도 대체로 어두웠다. 물론 건강도 좋을 리 없어 보였다. 다섯명 대부분이 화개기운이 강했다. 그러니 늘 사회에 대한 이러저런 관심에 삶의 고뇌까지 양어깨에 짊어진 것 같았다.

하지만 이들이 해결할 수 있는 일이 많지 않아보였다. 그들뿐 아니라 누구라도 개인이 해결할 수 있는 사회문제란 많지 않다. 나는 그들에게 짐을 던져버리라고 주문했다. 음악도 듣고 노래도 하고 웃고 떠들고 자유로와지라고. 집과 직장에만 들어앉아 말고 나서라. 산으로 들로 다른 도시로 다른 나라로 다니시라. 그렇지 않으면 성찰이 아니라 우울증이 된다.

이들은 특히 패션에 대해서도 관심을 가지면 좋을 것이다. 이들의 자기중심성은 패션에서도 나타난다. 이들은 대체로 단조롭거나 어두운 색깔의 옷을 입는 경향이 있는데 특별히 이런 종류의 패션을 선호해서가 아니라 아예 무관심하기 때문이다. 좀 더 화사하고 타인의 시선을 의식하는 방향으로 분위기를 바꿔나가야 한다. 게다가 이들이야말로 끼와 재미로 무장된 친구가 필요하며, 따라서 이들은 도화살(子/午/卯/酉)이 많은 사람을 친구로 만들어야 한다. 이들에게는 목木이 강한 갑을甲乙과 화火가 강한 병정丙丁을 인생코드로 가진 열정적인 사람들이 필요하다.

반면 가능한 한 자신과 같은 유형의 사람들과는 멀리하는게 좋다. 가장 이상적인 삶이라면 도화기운 역마기운 화개기운이 골고루 있어서 균형이 잘 잡혀있는 삶일텐데 보통 그러기가 쉽지 않다. 대개는 치우치게 되고 끼리끼리 어울리게 된다. 이런 인생코드를 가진 사람이라면 어떤 직업이 좋을까? 사회사업가 종교인, 저술가, 예술가, 법조인, 학자 등 공공의 가치를 실현하는 직업이면 좋다. 일반 직장이라 하더라도 기획, 감사, 인사 등 균형있는 개념을 중심으로 일하는 직업군이라면 좋다.

도화+역마 | 끼로 무장한 유랑극단

사주상에 역마기운과 도화기운이 조합되어 이루어진 사주이다. 이 두 기운이 1:3, 2:2, 3:1로 조합되어 있는 경우이다. 역마기운이 하나이고 도화기운이 셋이라면 당연히 도화기운이 우세하다. 그 반대라면 역마기운이 우세하다. 이런 사람이라면 매력과 끼를 무기로 온 천지를 유랑하는 사람들이다.

역마기운과 도화기운이 어우러져 전국을 유랑하는 일이라면 단연 추억 속의 유랑극단 동춘서커스 단원들을 떠올릴 수 있다. 이들은 1925년 조선인 박동춘을 중심으로 서커스단을 만들어 나라 잃은 설움을 안고 살아가던 당시 조선인들에게 웃음과 위안을 안겨주며 전국을 유랑했다. 전남 목포에서 시작한 이들은 한 때 소속 단원만 250명에 이를 정도로 크게 성장했다.

이 서커스단은 영화배우 허장강, 코미디언 서영춘을 비롯 배삼룡, 백금녀, 남철 외에 가수 정훈희에 이르기까지 수많은 스타를 배출했다. 동춘서커스단 자체가 도화와 역마살로 뭉쳐있고 소속 단원 대부분이 이런 기질의 소유자들이었을 것이다.

전쟁 통에서조차 꿈과 희망을 싣고 유랑했던 2차세계대전 당시 세르비아의 쇼팔로비치 유랑극단도 그런 경우다. 이들은 못말리는 끼에 역마기운을 안고 세르비아를 누볐는데, 전쟁조차도 이들의 끼를 잠재울 수 없었던 모양이다.

과거의 유랑극단은 현대에 이르면 발달한 교통망과 통신망을 타고 전세계를 무대로 날아다닌다. 우선 우리시대의 요정 김연아를 들 수 있다. 그는 추억의 서커스단이 아니다. 마차에 짐을 싸고 이 도시 저 도시로 곡절 많은 행보를 계속해야 하는 처량한 유랑극단이 아니다.

그녀가 가진 도화기운은 전파를 타고 실시간으로 전세계에 타전된다. 이제 역마는 말이 달리는 과거의 속도에서 빛의 속도로 변해버렸다. 달리던 말은 유투브와 SNS가 대신한다. 끼와 요염은 동영상이라는 말에 올라탄 채 전세계를 향한다. 싸이의 '강남스타일'이 그것이다. 동춘서커스단은 SM엔터테인먼트로 진화했다. 옛날의 박동춘은 현재의 이수만이고 양현석이다.

융복합 시대의 도화기운은 분화와 결합을 반복한다. 김연아의 피겨 위에 클래식 음악이 탑재되고 무용이 탑재된다. 싸이의 강남스타일은 거대한 군무로 발전하기도 한다. 서양악기와 전통악기가 결합되어 새로운 장르로 나아가기도 한다.

이런 경향은 유명인사들에게만 해당되는 것은 아니다. 카메라만 달랑들고 열대의 정글을 누비거나 자칭 세계여행가가 되어 세계의 도시를 쏘다니기도 한다. 이제 역마와 도화가 만나는 장대한 무대가 마련되었다.

만일 당신이 도화기운과 역마기운이 조합된 사람이라면 국내든 세계든 당신의 입맛에 맞춰 당신의 끼를 발산해라. 이미 세계는 당신의 끼를 받아줄 준비가 충분하다. 비용도 별로 들지 않는다. 페이스북이나 유투브만으로도 당신은 세계와 호흡할 수 있다.

다만 당신이 만드는 콘텐츠가 양질이어야 한다. 21세기는 다니기 좋아하는 한국인에게 안성맞춤인 세상이 되었다. 그렇지만 호사다마라고 좋은일에는 나쁜일이 뒤따른다. 자칫 인기와 현란함에 매몰돼 자신을 상실할 수 있다. 철학이 없는 당신이라면 삶이 피폐해질 수 있다.

화개+역마 | 원행을 마다 않는 구도자

사주상에 역마기운 인사신해와 화개기운 진미술축이 조합되어 이루어진 사주이다. 이 두 기운이 1:3, 2:2, 3:1로 조합된 경우이다. 역마기운이 하나이고 화개기운이 셋인 경우는 당연히 화개기운이 우세하다. 그 반대라면 역마기운이 우세하다. 이런 사람이라면 현대판 의상이거나 혜초이다. 당나라때 서역으로 불법을 구하러 떠났던 현장법사가 또 그런 사람이다. 침잠과 성찰의 열망이 역마와 만날 때 멀고 긴 여정도 마다하지 않는다. 현장법사는 구도에 대한 열정이 얼마나 깊었기에 당나라의 수도 장안을 떠나 18년동안 그 먼 길을 걸었을까. 그가 당나라와 인도를 왕복하면서 들른 나라는 모두 110개국이었고 여행거리는 5만리(약 1만6천Km)였다. 이 거리는 교통이 발달한 지금 자동차나 기차로도 횡단하기 쉽지 않은 어마어마한 거리이다.

장안을 떠난지 만 8년이 지난 637년 드디어 목적지인 날란다 대학에 도착하기까지 그가 간 길은 고행 그 자체였다. 추위와 배고픔, 열사의 태양이 작열하는 거대한 모래사막, 시시때때로 마주치는 도적떼는 구도여행의 동반자였다. 하지만 그는 모든 난관을 넘어 막대한 양의 불교경전을 모아 당나라에 들여왔다. 그 후 지속된 불경 번역사업은 당나라에서 불교가 꽃피는데 기반이 되어주었다.

그가 구도에 대한 열망만 있었다면 중국의 깊은 산 속에서 정진했을수도 있다. 역마기운이 없다면 황제가 허락하지 않은 길을 무단으로, 그것도 홀로 그 먼길을 가고자 결행하기란 힘든 일이다. 이런 유형의 사람들은 현대에도 셀 수 없이 많다. 류시화 시인이 그런 인물이다.

그는 미국과 인도 등지의 명상센터에서 생활하고 인도의 대표적인 명상가인 라즈니쉬의 주요저작을 번역했다. 초기에 시로 등단했던 류 시인은 구도에 몸과 마음이 자연스럽게 몰입해 갔으리라.

요즈음 여러 지방자치단체에서 개발한 올레길들이 사람들의 방랑기를 부추기고 있다. 대표적으로 제주의 올레길은 피로사회에 지친 영혼들을 불러들여 안식을 제공하는데 역마살이 있는 이라면 이 길에서 즐거움과 기회를 더 누릴 것이다.

　우리나라 걷기 열풍의 계기가 되었던 스페인의 순례길 '카미노 데 산티아고'는 '산티아고의 길'이라는 뜻이다. 산티아고가 예수의 12제자 중 한 명인 야곱의 스페인어 이름을 의미한다는 것은 잘 알려진 사실이다.

　이 길은 대성당에 묻힌 산티아고를 참배하는 순례객들에 의해 만들어졌는데 1000년 이상의 긴 역사에 걸쳐 걸어서 구도에 정진하고자 했던 사람들을 수 없이 불러 모은 셈이다.

　내가 아는 미혼의 한 여자 후배는 시시때때로 구도여행을 떠난다. 보통 사람들이 덕유산으로 강화도로 장소를 달리하며 빈번히 구도여행을 시도하기란 쉽지 않다. 그런 특별한 열망이 사람에 따라서 인생의 인자로 내면에 자리하고 있다는 사실을 아는 나에게조차 그녀는 특별하다. 우연한 기회에 그녀의 사주를 본 결과 그는 역마기운과 화개기운이 함께하고 있는 경우였다. 그런 기운이 있는 한 이를 잠재우기란 쉽지 않다.

　만일 당신에게 구도와 원행의 열망이 끓어오른다면 당장 떠나라. 그렇지 않다면 당신의 내면은 허전함으로 이어질 것이다. 오직 방랑만이 당신의 가슴을 채워줄 것이다.

도화+화개 | 성찰을 토해 내는 부흥사

　사주상에 도화기운인 묘오유자와 역마기운인 진미술축이 결합되어 이루어진 인생코드이다. 이 두 기운이 1:3, 2:2, 3:1로 결합된 경우다. 이 조합은 역마와 도화, 역마와 화개 등과는 달리 매우 어색한 조합이다. 화려한 끼와 성찰과 구도가 함께 어우러 질 수 있을까.

그렇지만 성찰의 결과가 대중의 열광을 불러일으키는 경우는 많다. 성찰하고 구도하는 과정에는 고독과 침잠의 시간이 지속되겠지만, 구도의 결과를 뭇 대중과 함께 나누려면 열광을 불러일으켜야 한다. 소통과 열광에는 장엄한 빛이 필요하다. 장엄하면서 생명의 열정으로 가득차야 한다. 고독과 비애조차도 생의 환희로 재구성해야 하는 것이다.

한국불교에 큰 발자취를 남겼던 성철스님은 늘 "영원한 진리를 위해 일체를 희생한다"고 했다. 1912년 출생해 1993년 입적한 그는 한국 현대 불교의 상징적 존재이자 가장 존경받는 스님이었다. 일제강점기와 한국전쟁, 민주화 등 파란만장한 시기를 보냈던 격동의 시기에도 늘 산중수행승의 자리를 굳게 지켰다. 그가 은거했던 암자는 치열한 구도의 현장이면서 세간 대중들과 함께하는 가르침의 도장이었다. 화개기운과 도화기운이 만나는 실례를 성철스님의 삶으로 표현할 수 있다.

고전해석과 동양학의 대중화에 새로운 길을 연 도올 김용옥 선생도 이와 같다. 그는 우리시대의 문제의식을 다양한 학문분야의 시각에서 파해쳐 60여권의 방대한 저술을 낸 철학자 의사 예술가 교육자다. 그는 자신이 활동하는 시대에는 동서문명이 회통할 수 밖에 없다는 비전을 획득하고 준비해 간 선각자적인 삶을 살았다. 그는 충남 천안 태생으로 1960대에 아무도 거들떠 보지 않던 동양고전에 뜻을 두고 고려대 생물학과, 한국신학대학에서 공부하다 고려대 철학과로 편입하여 동서고전을 공부한다.

거기에다 한의학, 천연물학, 예술, 복잡계연구 등 다양한 분야를 섭렵하고 한때 하버드대 의대 연구교수, 문화일보 기자로 활약함으로써 다양한 분야 다양한 시각에서 시대의 문제를 천착했다.

그리고 1999년 EBS 노자강의를 시작으로 행한 200여회의 고전강의는 고등한 학문의 세계를 일반대중의 삶의 가치로 전화시키는데 지대한 공헌을 하였으며 인문학의 대중소통시대를 열었다. 더욱이 그의 한문해석학, 번역론은 번역을 경시하던 기존 학문풍토를 쇄신시켰고 한국고전번역원의 탄생에 막대한 영향을 끼쳤다. 그의 삶 또한 성찰과 열광이 함께하는 전형적인 사례이다.

철학자 강신주도 이런 사례다. 그는 젊은이들에게 또 다른 의미의 전사다. 피폐한 한국자본주의가 낳은 일그러진 영혼에 칼을 대는 젊은 철학자다. 그는 잘 갈린 펜으로 썩어가는 심장에 비수를 꽂는다. 그 비수를 맞은 영혼은 새순을 내고 새 생명으로 거듭나리라. 그의 성찰은 시퍼런 날을 세운 강제이지만 복숭아꽃처럼 아름답다.

만일 여러분에게 도화기운과 화개기운이 있다면 여러분의 몸 속에 그런 DNA를 갖고 있는 것이다. 성찰과 끼를 통합시켜보라. 밤새 지속했던 사색의 고통이 오늘 아침이면 벗들에게 꽃이 된다. 자기 몸속에 무엇이 있는지 깊이 들여다보는 것, 이것이 힘이다.

육신론의 적용 여섯 신들의 열국지

 삶은 곧 여행이다. 여행은 목적지가 딱히 없더라도 어딘가에 도달하게 만든다. 삶도 마찬가지여서 사람들이 목표를 갖지만 반드시 뚜렷한 것만은 아니다. 대개는 목표가 있기도 하다가 없기도 하며, 성공적인 삶을 산 사람일지라도 어찌 어찌하다 보니 그렇게 산 경우도 많다. 목표를 분명히 한 인생이라면 그는 그의 에너지를 효율적으로 통제하고 사용하리라. 하지만 이러한 사람이 얼마나 될까?
 목표가 뚜렷하건 아니하건 살아가는데 필요하고 어쩔 수 없이 감당해야 할 주제는 많다. 가족, 학업, 입사, 직장, 승진, 결혼, 배우자, 부모자식, 돈 등은 반드시 안고가야 할 짐이다.
 우선 우리는 부모, 형제, 자식들과 인연을 맺는다. 그리고 우리는 적당한 시기까지 학교를 다니고, 직장을 얻어 일과 소득을 구하며 짝을 만나 새로운 가정을 꾸린다. 이 과정에서 많은 난관에 부딪히며 이를 극복해 나간다. 가령 행복하리라고 기대했던 가정이 깨지는 상황에 직면하고 실업도 경험할 수 있다.

직장생활은 어떤가? 입사 전쟁을 치르고 동료들과 협력과 경쟁을 반복하면서 승진에 이르게 되면 필사적으로 싸운다. 한국 남자들에게 승진은 생사의 문제가 되었다. 공무원이 아니라도 관료제로 짜여 있는 다양한 조직에서 승진은 파워와 관련되어 있어 이를 쟁취하기 위한 수단으로 각종 네트웍과 연줄이 작동된다.

이 모든 문제들은 돈과 관련되어 있다. '돈'이 모든 것처럼 보이는 왜곡된 한국사회에서 우리는 결코 돈으로부터 자유롭지 못하다. 돈이 많아도 자유롭게 사는 것은 쉽지 않으며 결핍을 견디면서 자유로워지는 것은 더욱 어렵다. 그러므로 돈 문제는 늘 삶의 언저리를 배회하는 짐이다.

우리는 가끔 우리 삶을 되돌아 보고 현재를 진단하며 앞을 내다본다. 성찰하는 삶만이 좀 더 나은 내일을 보장할 수 있기 때문이다. 그런데 어떤 창으로 인생사를 살펴볼 수 있을까? 종교적인 성찰을 통해서 자신의 영적 삶을 되돌아 볼 수도 있고 자기가 갖고 있는 자산을 분석함으로써 현재를 진단할 수도 있다. 어떤 방식이든 자신 혹은 타인의 삶을 총체적으로 성찰하기란 쉽지 않다.

가령 전 세계적으로 6천만부나 팔려 경이로운 기록을 세운 바 있는 미국 저술가 데일 카네기의 〈카네기 인생론〉을 앞에 놓고 목차에 나온 순서대로 체크 리스트를 만든다고 만족할 만한 답을 얻을 수 있을까? 그는 성공을 위한 마음자세, 부, 평화와 행복, 건강을 유지하는 방법 등 미국식 성공학 혹은 미국식 자기계발 방법을 말하고 있다.

물론 이런 방식, 지금도 수 없이 팔리는 자기계발서와 성공학 책으로도 삶의 많은 측면을 가늠해 보고 지난 날을 성찰해 볼 수 있지만 이러한 책들은 당위만을 말하고 있다. 결코 한 개인이 갖고 있는 내밀한 특성을 말해주지는 않는다. 오직 개인의 특성에 어울리는 방법만이 훌륭한 인생을 가꾸는 길인데 말이다.

여기서 명리학의 유용성과 통찰력이 빛을 발하는데, 명리학은 각 개인에게 자신이 갖고 있는 내밀한 소양과 장단점을 매우 구조적으로 드러내주고 자신에게 어울리는 맞춤형 인생론을 제공해 준다. 그렇다면 명리학이 제공하는 인생론이란 어떤 것일까? 명리학은 육신론(혹은 십성론)을 통해 인생사의 주요 테마를 아예 공식화해 놓았다.

첫째 사람은 누구나 성장기에는 부모의 도움을 받아야 하지만 그 정도는 가정 형편에 따라 천차 만별이다. 이를 인수운印綬運을 통해 정리한다. 인수운이 있어야 안정적으로 공부할 수 있는 기회를 갖는다고 설명했다.

둘째 동반자로서의 형제자매 혹은 경쟁자로서의 동료 등에 대한 관계를 비견과 겁재라는 개념으로 설명한다. 특히 직장내에서의 동료 관계조차도 운명론적인 코드가 있다고 설명한다.

셋째 아랫사람들과의 관계 혹은 자신의 재능과 소명을 어떻게 표현하는

지를 식신 상관의 개념으로 설명하며, 자기 표현을 얼마나 잘할 수 있는지 알아내는 문제도 이 개념으로 설명한다. 만일 한 사주에 식신 상관이 발달해 있으면 자기표현에 익숙하고 드러내기 좋아한다.

넷째 모두가 목말라하고 그 권능에 복속되기도 하는 재물의 동태, 재물을 취하는 방식, 재물에 의한 고뇌 혹은 손해 등등을 편재 정재 개념으로 설명한다. 재물운이 있는지, 그 운이 얼마나 안정적인지, 기회가 많은지 적은지 등을 파악하게 해준다.

다섯째 누구나 명예롭기 바라며 출세하기 바란다. 명예, 관직, 승진, 역할 등을 다루는 개념이 관성이다. 사람들은 대개 자리를 잡기 위해서는 시험을 보아야 한다. 그 다음 각 조직의 규정에 따라 역할을 얻고 세월이 지나면 간부로 성장하거나 조직을 떠나게 된다. 이런 한 개인의 사회적 역할을 살펴보는 것이 관성이다.

명리학에서의 인생은 약 다섯가지 요소가 빚어내는 매트릭스와 같다. 매트릭스는 시간이 경과함에 따라 일정한 삶의 곡선을 그려낸다. 그리고 그 매트릭스는 개인에 따라 아주 다양한 특징을 갖는다. 어떤 사람은 식신과 상관의 요소가 발달하여 끼를 발산하는데 엄청난 에너지를 갖게 되며 어떤 사람은 인수의 요소가 정갈하여 높은 학문의 경지를 이루기도 한다.

또 어떤 경우는 재성의 요소가 발달하여 거부가 되기도 하며, 어떤 사람은 관성이 발달하여 높은 지위에 오르기도 한다. 반대로 어떤 사람은 식신 상관이 없어 자신을 표현하는데 소극적이거나 주저하는 성향을 갖고, 인수의 요소가 없어 젊은 날 공부하는데 소홀하게 된다. 또 어느 경우는 재성의 요소가 발달하여 재물을 취하는 운명이 있으나 이를 뒷받침해 주는 식신이 없어, 큰 부자가 되는데는 한계가 있기도 하다. 관성이라는 요소도 마찬가지다. 관성이 없으면 지나치게 자유분방하여 자신을 통제하지 못하는 경향을 갖게 되어 끝내는 실수를 저지르는 경우도 있고, 정치적 지위를 갈망하지만 기회가 쉽게 오지 않는다.

매트릭스의 각 요소는 없어도 안되지만 너무 많아 흘러넘쳐도 좋지 않다. 가장 이상적인 것은 모든 요소가 골고루 존재하고 균형을 이루는 것이지만, 그것은 거의 불가능하다.

누구든지 각자의 매트릭스는 한 쪽으로 기울어 있다. 양으로 치우쳐 있거나 음으로 치우쳐 있고, 목화木火가 많으면 금수金水가 없다. 또는 재성이 지나치게 많아 오히려 없느니만 못한 경우도 있다. 가령, 재성이 지나치게 많으면 재다신약이라 하여 재물과 여자문제로 일생 분주하고 고생하게 된다.

식신상관이 많다면 끼가 흘러넘쳐 실속이 없어진다. 명리이론의 꽃인 육신론(십성론)은 각 개인이 갖고 태어나는 각종 재주, 복, 역할, 길흉들을 표현하는 매트릭스다. 이것은 단순한 성공론 혹은 자기계발서가 요구하는 자기훈육 목록이 아니다.

오히려 한 인생에 내재해 있는 여러 요소를 조망할 수 있는 망원경이자 현미경이다. 이를 통해 우리는 자신의 장단점을 인식하며 나아갈 수 있다.

음양오행 10간, 12지로 표현된 열개의 별은 어떤 것인가?

우선, 육신론 도표는 다음과 같다.

	갑甲	을乙	병丙	정丁	무戊	기己	경庚	신辛	임壬	계癸
비견	갑甲	을乙	병丙	정丁	무戊	기己	경庚	신辛	임壬	계癸
겁재	을乙	갑甲	정丁	병丙	기己	무戊	신辛	경庚	계癸	임壬
식신	병丙	정丁	무戊	기己	경庚	신辛	임壬	계癸	갑甲	을乙
상관	정丁	병丙	기己	무戊	신辛	경庚	계癸	임壬	을乙	갑甲
편재	무戊	기己	경庚	신辛	임壬	계癸	갑甲	을乙	병丙	정丁
정재	기己	무戊	신辛	경庚	계癸	임壬	을乙	갑甲	정丁	병丙
편관	경庚	신辛	임壬	계癸	갑甲	을乙	병丙	정丁	무戊	기己
정관	신辛	경庚	계癸	임壬	을乙	갑甲	정丁	병丙	기己	무戊
편인	임壬	계癸	갑甲	을乙	병丙	정丁	무戊	기己	경庚	신辛
인수	계癸	임壬	을乙	갑甲	정丁	병丙	기己	무戊	신辛	경庚

다음은 남/1990년 10월 1일/양/오전 10시 10분에 태어난 사주이다.

기己	기己	을乙	경庚
사巳	해亥	유酉	오午
비견 比肩	일간 日干	편관 偏官	상관 傷官
정인 正印	정재 正財	식신 食神	편인 偏印

인생코드는 기토이고, 연주는 경:상관 오:편인, 월주는 을:편관 유:식신, 일지는 정재, 시주는 기:비견, 사:인수로 되어있다. 이를 표로 만들면 위와 같다. 이런 방식으로 한 사주의 육신(십성)을 찾을 수 있다.

식신 상관 | SNS로 무장한 자기표현의 시대

현대는 자기표현의 시대다. 모든 이의 손에는 카메라와 노트북이 탑재되어 있어, 자신을 내보이고 싶은 사람들에게는 천국이 되었다. 세계 어디서나 사진이나 동영상, 텍스트를 자신의 시청자들에게 송출할 수 있어 누구나 일인 미디어를 가질 수 있게 되었다. 가슴을 울릴 수 있는 내용만 있다면 유투브를 통해 일시에 수많은 사람들을 불러 모은다.

유명인사가 아니더라도 수백명의 팔로워를 가진 페이스북 작가는 수없이 많다. 또 서너명에서 수십명 단위의 SNS 커뮤니티는 헤아릴 수 없이 많아 그 리더들은 글과 영상으로 자신의 생각을 전파하게 되었다. 이렇게 자신을 표현할 수 있는 능력과 기질, 이것이 식신 상관 즉 식상이다.

정보통신 사회인 지금 식신 상관을 운명코드로 가진 사람들에게는 물을 만난 물고기가 되었다. 그렇다면 식신 상관이란 무엇일까? 건물로 말하자면 출구다. 모든 건축물에는 입구와 출구가 있기 마련인데 그 출구가 시원하게 잘 뚫려있는 것을 말한다.

도시의 경우도 마찬가지인데 상수도 시설이 잘 갖춰줘야 하겠지만 하수도 시설의 중요성 또한 그에 못지 않다. 하수도 시설이 불충분하면 배수가 되지 않아 도시는 썩게 되고 장마가 시작되면 도로가 강이 되기도 한다.

이렇듯 인간에게도 출구나 하수구인 식신 상관이 부족하면 자신을 표현하지 못하거나 표현에 서툰 탓에 답답하다. 반면 식신 상관 인생코드가 사주 내에 잘 자리잡은 사람은 직접 글로써 자신을 표현하거나, 혹은 노래로, 무용으로 아니면 영화나 스크린과 같은 도구를 통해서 이야기를 만드는데 대단한 기량을 갖게 된다.

그렇다면 식신 상관을 어떻게 이해할 수 있을까? 식신 상관은 오행의 관점에서 아들 딸처럼 내가 낳은 아이, 아생자我生者를 말한다. 가령 나의 인생코드가 갑목甲木이라면 내가 낳은 아이는 화火인데 화에 속하는 십간십이지는 병정丙丁과 사오巳午다. 이를 다시 식신과 상관으로 구분하여 도표화 하면 다음과 같다.

	갑	을	병	정	무	기	경	신	임	계
식신	병사	정오	무진술	기미축	경신	신유	임해	계자	갑인	을묘
상관	정오	병사	기미축	무진술	신유	경신	계자	임해	을묘	갑인

이러한 기질이 인생코드로 잘 나타나 있는 사람을 들라면 영화감독 박찬욱, 가수 이효리, 아나운서 백지연이 그런 사람이다. 우선 영화감독 박찬욱을 살펴보자. 영화 월간지 〈스크린〉 전 편집장 김형석은 '영화감독 박찬욱'에서 "모든 감독의 차기작이 궁금하긴 하지만, 박찬욱만큼 관객을 궁금하게 만드는 감독은 흔치 않다"며 "그는 언제나 기대하게 하고, 어느 정도는 그 기대를 저버리지 않고, 한편으론 기대를 넘어선 쾌감을 선사했다"고 박찬욱을 설명했다. 또 "박찬욱의 영화가 주는 낯선 쾌감은 관객에게 익숙해지지 않기 위한 감독의 고통과 노력의 산물처럼 느껴진다"고 말했다.

그렇다면 차기작을 궁금하게 만드는 박찬욱의 소양은 무엇일까? 게다가 낯선 쾌감을 선사하는 박찬욱의 힘은 어디로부터 나올까? 박찬욱 감독은 이러한 고통과 노력을 왜 그토록 마다하지 않을까? 박찬욱 감독이 다른 감독의 고통과 노력이 다른 감독들의 그것에 비해 유난히 특별한 것일까? 그 노력이 유독 다른 감독에 비해 특별나다고 설명하기는 쉽지 않다.

인생코드로 설명한다면 사주상에 식신이 뚜렷하게 찍혀 있기 때문이다. 무토戊土 인생코드에 월주月柱에 경신庚申 즉 식신이 뚜렷하다. 식신을 사주상에 지니게 되면 누에가 실을 뽑아 고치를 만들 듯 자신이 몸과 마음속에 지니고 있는 여러 콘텐츠를 타인에게 낯선 쾌감을 줄 수 있을 만큼 능숙하게 드러낸다.

【박찬욱/남/1963년 8월 23일/시(?)】

時	日	月	年
0	무戊	경庚	계癸
0	술戌	신申	묘卯

박감독은 무토 인생코드이다. 무토 인생코드는 니체나 칼 맑스처럼 수없이 많은 내용을 섭렵하는 특징을 갖고 있다. 박 감독은 못말리는 영화광이자 독서가로도 알려져 있는데 인문학은 물론 미술 음악 심지어 만화까지 읽고 한때 왕성한 영화평론가로도 활동했다.

모으는 기질과 꺼내 푸는 능력 즉 무토 인생코드에 식신이 결합되면 매우 다채롭고 예상치 못한 쾌감을 주는 영화가 만들어진다. 이와 같이 낯선 쾌감에 대한 기대는 다른 감독보다 특별히 그의 차기작이 궁금증을 불러일으키는 이유이다.

이효리는 어떤가? 당대를 주름잡는 여자가수이자 톱스타로 한때 '효리천하'라고 불릴만큼 대단했다. 연예미디어 1면을 가장 많이 장식했고 각종 시상식을 휩쓸었던 그녀를 우리 시대의 디바라 불러도 손색이 없을 듯하다.

연예인으로서만이 아니고 거리의 애완동물 및 거리아동, 독거노인 등 사회적 약자를 위한 활동에도 적극적이다. 자신의 재능을 나타내는 일에서나 자신의 소질을 다른 사람을 위한 봉사활동 등에서 그녀의 식신으로서의 운명적 감수성이 흘러 넘친다. 다음은 이효리의 사주다.

【이효리/여/1979년 5월 10일/시(?)】

時	日	月	年
0	정丁	기己	기己
0	축丑	사巳	미未

촛불, 꽃, 등대 같은 이미지의 정화 인생코드에 식신(기/미/축)이 잘 발달되어 있는 사주이다. 그녀는 강하면서 자신의 재능을 외화시키는 능력을 갖고 있다.

이러면 여름날의 장미처럼 붉고 아름다운 기질이 대중의 가슴을 뒤흔든다. 이로 인해 그녀는 가녀린 이미지를 넘어 카리스마와 털털함을 갖게 되었다.

정재 편재 | 시대의 주인이 된 돈

"부~자되세요!"라는 CF의 멘트가 한때 인사말로 유행한 적이 있다. 과거에도 재물은 늘 주요 관심사였지만 자본주의 생산관계가 지배적인 지금, 돈에 대한 관심은 거의 광적인 수준으로 증대되었다.

축재의 신화는 전세계에 열풍을 불러일으키고, 그 주인공은 영웅이 되어 만인의 입에 오르내리게 되었다. 반면 돈이 남긴 어두운 그림자는 파산, 사기, 횡령, 예속, 비굴, 배신, 음모 등의 모습으로 퍼져나간다. "부자되세요"란 말은 대부분의 사람들에게 사막의 신기루에 불과하며 공허한 구호로 들릴 뿐이다. 그렇다고 누구나 재물로부터 자유로울 자는 없다. 교회, 사찰, 성당조차 신도가 많고 돈을 잘 모으는 곳이 현실적 영광(?)을 누리니까.

돈이 주인인 세계가 못마땅하더라도 자신의 문제로 돌아오면 돈은 일용할 양식이며 자유의 교두보가 된다. 명리학에서 재물의 문제는 매우 중요한 항목으로 다루어진다. 이름하여 재성財星이라고 불려지는 개념의 유무 여부와 작동을 살펴봄으로써 한 개인의 재물운을 다룬다.

원래 명리학에서 재성은 내(주인)가 다루는 대상이다. 가령 인생코드가 갑목甲木이라면 재성은 토가 되는데 십간십이지로는 무기 진미술축이다. 이를 도표화하면 다음과 같다. 여기서 정재는 인생코드와 음양이 다른 재성이고 편재는 음양이 같은 재성이다.

	갑	을	병	정	무	기	경	신	임	계
정재	기미축	무진술	신유	경신	계자	임해	을묘	갑인	정오	병사
편재	무진술	기미축	경신	신유	임해	계자	갑인	을묘	병사	정오

돈을 광적으로 추구하는 피폐한 자본주의에서 또 돈 이야기를 해야하니 편하지만 않다. 인생과 명리에서 재성의 문제는 아주 중요하므로 다루지 않을 수도 없다. 돈복을 타고난 사람이라면 이 항목이 흥미롭겠지만 돈복이 없는 사람에게는 우울할 수 있다.

하지만 돈복이 없는 사람이라도 자신의 운명을 냉정히 바라보면서 새로운 자유 혹은 또다른 자유를 찾을 수 있다면 이것도 명리학의 역할이 아닐까 싶다.

명리학적인 논의에 들어가기 전에 한 통계를 살펴보자. 만일 당신이 10억원의 순자산을 갖고 있다면 전체 가구당 상위 몇 퍼센트 안에 들어갈까? 국가통계포털〈2013년 가구당 순자산 보유액 구간별 가구분포〉에 따르면 전체 가구중 상위 4%에 해당한다. 전체 가구중 서열상 가운데 있는 가구의 순자산은 얼마나 될까? 위 통계에 따르면 1억4천500만원이다. 그렇다면 당신의 자산 수준은 어느 정도인가?

이런 정도의 예비지식을 갖고 명리학에서 말하는 재성을 논해보기로 하자. 전체가구중 순자산이 상위 1% 안에 들어간다면 부자에 속한다고 해도 무리가 없을 듯 하다. 상위 1% 안에 들어가려면 대체로 순자산이 15억원 이상은 될 것이다. 수 조원에 해당하는 특별한 부자가 있지만 이런 사례는 아주 극소수에 불과할 것이기에 예외로 두자.

〈한글과컴퓨터〉 창업자인 이찬진을 살펴보자. 한국민족문화대백과에 따르면 ㈜한글과컴퓨터는 1990년 25세의 청년 이찬진에 의해 설립되었다. 서울대 기계공학과생이자 서울대컴퓨터연구회 멤버였던 이찬진은 연구회 동료 세명(김형집, 우원식, 김택진)과 만든 최초의 한글소프트웨어 '아래아한글'을 졸업 직후인 1989년 세운상가에서 판매를 시작하고 다음해 11월 회사를 설립한다. 이로써 이찬진은 성장가도를 달리던 한국 IT업계의 기린아로 주목 받는다.

【이찬진/남/양/1965년 10월 25일/시(?)】

時	日	月	年
0	임壬	병丙	을乙
0	자子	술戌	사巳

이찬진은 임수 인생코드에 병丙과 사巳가 재성으로 뚜렷하게 자리잡았고 상관인 을이 뒤를 받쳐준다. 10월에 태어난 임수 인생코드는 우선 기획력이 탁월하다. 탁월한 기획력은 이를 구현해내는 상관에 의해서 구체적인 성과물로 연결되고 이는 재성으로 인해 돈으로 귀결된다. 이찬진의 인생코드는 자수성가형 부자다.

이찬진처럼 당대에 자신의 힘만으로 부를 이루었다면 당당한 부자다. 그러나 이런 경우가 생길 가능성은 갈수록 줄어든다. 재물복은 우선 부자인 부모를 만나 유산을 물려받는 것이 첫번째다. 하지만 부모가 부자가 아니라면 이를 번복할 수단은 없다. 그러기에 자신에게 주어진 처지와 조건을 받아들여 냉정해져야 한다.

부자로 태어난 당신이라면 물려받은 재산을 지킬 수 있는 능력이 있어야 한다. 유산으로 물려받는 것은 돈과 재물을 넘어 재물을 모으고 관리하는 노하우까지 포함된다. 거기에 인맥과 정보까지 포함하여 확장된 재물 에너지장을 남들보다 우선적으로 확보하게 되는 것이다.

그러나 좋은 조건을 갖고 있다 할지라도 그것만으로 재물이 유지되는 것은 아니다. 만일 당신의 사주에 돈이나 재물보다 공부나 명예가 더 우월한 인생코드로 인성印星이 발달해 있다면 비즈니스에 지나치게 몰두하는 것은 바람직하지 않다. 오히려 인생코드가 지시하는 다른 재능을 발전시키는 것이 현명한 일이다.

부자로 태어났지만 최악의 경우가 있다. 지혜와 배려 도덕을 가진 사람이 부자가 된다는 것은 쉽지 않다. 타인의 눈물과 땀을 밟고 부를 축적한 경우 그 자손이 오만할 가능성이 많다. 이때 그 자손이 재다신약財多身弱으로 재성이 과다하게 많은 경우 즉, 세개 이상인 경우라면 오히려 과다한 재물을 감당하지 못하여 오히려 재앙이 된다.

남자에게 재성은 재물이기도 하며 여자이기도 하다. 인생코드에 과다한 재성은 지나친 욕심이 재물과 여자에게 맞춰져 과욕과 방탕으로 이어진다. 자신을 통제하는 절제나 균형은 무너지고 질주하는 기관차처럼 파멸을 향해 달려나간다.

부자로 태어나 최선의 경우로 진화하는 경우가 있다. 재성이 천간과 지지에 분명하고 개성이 강한 사람인 경우인데 천간과 지지에 재성이 각각 하나씩 있고 부딪힘이 없는 사람이다.

이들은 부모가 물려준 재산을 잘 관리하고 절제와 균형의 덕목을 갖고 있으며 자신의 역량을 뛰어넘어 지나친 만용을 부리지 않는다. 이들은 개념있는 부자로 자신의 부가 반드시 개인의 사유물을 넘어 사회적 의미를 지니고 있다고 생각한다.

다음은 당대에서 자신의 노력과 안목으로 부자가 되는 경우이다. 이들은 대체로 개성이 강하며 자신의 콘텐츠를 풀어내는데 익숙하다. 재미와 취미가 비즈니스로 연결되는 경우인데 애플의 스티브 잡스나 페이스북의 주커버그 같은 사람들이다.

명리학적으로는 이를 식상食傷이 발달하고 재성과 연결되는 식상생재격이라고 말할 수 있다. 잡스는 늘 미치도록 훌륭한insanely great 것들을 추구해왔고 함께하는 사람들을 훌륭한 것에 미치도록 만들었다. 그는 세심한 부분까지 신경쓰는 편집광이었고 인간과 기술의 소통방식을 바꾸는 혁명가였으며 기술에 인문학을 결합시킨 철학자였다.

실제 스티브잡스는 1955년 2월 24일 생으로 병화 인생코드를 갖고 있고 식신이 매우 발달되어 있는데 자연에 비유한다면 새해 아침에 떠오르는 태양 같은 형상을 지니고 있다. 그래서인지 새로운 생각을 끄집어내어 새로운 것을 만들어내고 새로운 유형의 소통방식을 일반화시켰다.

이제는 부잣집 자식도 아니고 그렇다고 천재적인 아이디어도 갖지 못한 대부분의 보통사람들 이야기를 해보자. 우리들에게 재물이란 우리가 상상하는 것만큼 우리에게 가까이 있지 않다. 대부분의 보통사람이 재물을 확보할 수 있는 수단은 직장인으로 일해 번 돈을 잘 저축하고 잃지 않는 일이다. 자기 비즈니스를 갖고 있지 않는 한 많이 벌기란 불가능한 일이다. 부자가 되기 위한 노력보다 가난해지지 않기 위한 노력이 우선이다. 미래의 안정을 위해 현재의 욕망을 통제하는 것, 이것이 출발점이다.

그런데 모든 매체는 소비가 미덕이라고 선전한다. 특별한 재산이 없거나 수단이 없는 이가 취할 수 있는 고통스럽지만 어쩔 수 없는 재산증식전략은 저축이다. 부자들의 관점에 충실한 미디어들의 음모에 넘어가지 않는 것이 중요한데 이를 위해서는 주체성의 회복이 절실하게 요구된다. 거대자본은 빈자들의 약점을 이용해 돈을 번다.

정규적인 자기 일을 넘어서 주식이나 땅 등 재테크로 돈을 모은다는 것은 쉽지 않다. 내가 지금까지 주변 사람들을 관찰한 바에 따르면 주식형 재테크나 부동산에 능한 사람은 매우 소수다.

사주상에 재성이 없거나 자신이 돈버는 문제에 둔하다면 아예 돈을 번다는 강박에서 벗어나라. 돈을 쫓을수록 돈의 노예가 되고 돈에 끌려다닌다. 돈은 모든 것을 흡수하는 블랙홀이다. 부자가 되기 위해서는 잃어야 하는 것들이 많다. 부자이면서 가치있는 많은 것들 즉 영혼이 있는 삶, 이웃, 공동체, 우정 등을 동시에 갖기란 쉽지 않다. 부자가 되려면 돈의 욕망을 쫓고 돈의 논리에 충실해져야 한다.

더구나 일그러진 한국자본주의에서 돈을 번다는 것은 더욱 그러하다. 다만 타인의 인생에 활력을 불어넣어주고 가치있는 생산물이나 서비스를 제공하면서 얻어지는 부는 예외다. 좀 더 공정한 사회라면 이런 기회는 늘어난다. 정당한 재화의 생산에 따른 부의 증식이다. 하지만 한국사회는 이런 부를 허용하게에는 지나치게 왜곡되고 일그러져 있다.

부자되기 프로그램에 기웃거리지 말라. 부자되기 프로그램 운영자에게 돈을 바칠 뿐이다. 정당하게 돈을 벌고 싶다면 스티브 잡스처럼 사람들에게 무엇이 유익할 것인지 연구하는게 빠르다.

"소크라테스와 점심을 할 수 있다면 우리 회사가 가진 모든 기술을 그와 바꾸겠다"고 한 스티브 잡스의 발언은 우리가 일, 돈, 사유에 대해 어떤 태도를 가져야 하는지 웅변하고 있다.

가구 재산과 소득 | 우리는 어디에 있나

우선 우리가 처해 있는 경제적 조건을 살펴보자. 밑의 여러 도표를 보면서 우리 가정이 처해 있는 경제적 상황을 가늠해 보자.

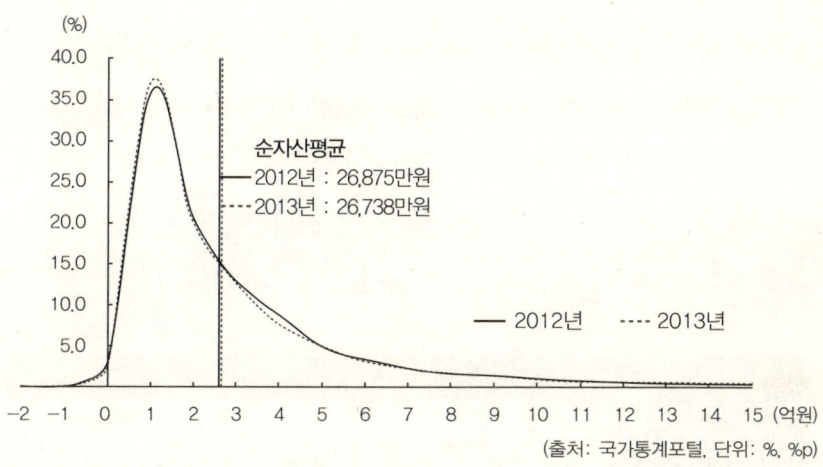

(출처: 국가통계포털, 단위: %, %p)

순자산(억원)		-1미만	-1~0미만	0~1미만	1~2미만	2~3미만	3~4미만	4~5미만
가구분포	2012년	0.2	2.9	37.5	20.1	12.9	7.7	5.1
	2013년	0.2	2.8	36.2	20.6	12.9	8.7	4.9
	전년차 (비)	0.1	-0.2	-1.2	0.5	0.0	1.0	-0.1

순자산(억원)		5~6미만	6~7미만	7~8미만	7~8미만	9~10미만	10 이상	평균(만원)	중앙값(만원)
가구분포	2012년	3.1	2.3	1.5	1.4	0.9	4.4	26,875	14,091
	2013년	3.4	2.3	1.5	1.4	0.9	4.0	26,738	14,492
	전년차 (비)	0.3	0.0	0.0	0.0	0.0	-0.3	-0.5	2.8

가구당 순자산 보유액 구간별 가구분포
소득 10분위별 월평균 실질가계소득 (국민연금공단)

한 가구의 순자산이 6억원 이상이라면 한국의 전체 가구 중 상위 10% 안에 들어가며 소득평균은 연간 7천만원에 해당한다. 만일 순자산이 2억 7천만원이라면 당신은 전체 가구중 상위 30%에 해당하며 소득은 연간 5

천만원 정도에 해당한다.

당신이 상위 10%에 해당할지라도 가정이 걱정스럽지 않게 삶을 유지할 수 있을까? 이런 여유도 일자리가 안전하여 지속적인 소득이 있다는 전제 하에서 가능하다. 만일 실직하여 머지 않아 당신이 가지고 있는 재산을 생활비로 써야한다면 삶의 질과 경제적 지위는 급속히 떨어진다.

만일 당신이 상위 4% 안에 들어 있는 순자산 10억원짜리 부자라면 어떨까. 통계에 따르면 평균연령은 54세인데 이 경우라도 직장을 잃게 되면 부자인 당신도 중상위층과 다름없이 불안해진다. 더구나 평균수명이 늘어난 까닭에 수십년을 더 살아야 한다는 점을 감안한다면 더욱 그렇다.

10분위별	2011	2009	2007
합계	225.2	229.7	246.5
1분위	17.8	24.8	25.4
2분위	38.8	45.6	47.3
3분위	58.0	63.5	68.7
4분위	83.1	90.1	96.5
5분위	116.0	119.4	131.7
6분위	164.8	160.7	179.9
7분위	220.1	214.5	236.8
8분위	290.6	279.9	309.9
9분위	390.1	379.3	417.4
10분위	698.2	774.1	802.2

중상위층이 이럴진대 50% 미만에 해당하는 가구라면 삶의 불안정성은 더 말할 필요가 없이 높아진다. 100위 중 50위에 해당하는 가구의 재산은 1억 4천만원이며 소득은 평균 3천 600만원이다. 가구 구성원 중 누군가 병

이 나거나 사고를 당한다면 삶은 급속히 어려워진다. 그렇다고 한국사회의 복지시스템이 이것을 보완해주는 것은 아니다. 한국의 복지시스템은 사보험 중심으로 이루어져있고 공공복지 시스템은 매우 취약하다.

극소수 부유층이거나 공무원, 교원, 군인 등 특수분야의 종사자만이 이러한 시스템의 보호를 받을 수 있다. 국민의 95%인 대부분이 불안정한 것이 현실이다. 물론 위의 통계는 50대 초 중반 연령대가 표준이다.

그렇다면 청장년 층은 어떨까? 우선 청년 일자리 문제가 심각해진 것은 어제오늘이 아니다. 수많은 청년들이 정규 노동시장에 진입하지 못한 채 수년간 시험준비로 세월을 보내는데 늦게라도 정규 노동시장에 진입하면 그나마 다행이다. 정규 노동시장이나 시험준비를 위해서 가정이 도와야 하지만 빈곤 가정 출신의 젊은이는 그 혜택도 받기가 어렵다.

위 통계대로라면 과반수 이상의 가정이 자식을 위해 오랜기간 지원해주기 쉽지 않다. 그런 까닭에 시기를 놓쳐버리면 취업경쟁에서도 점점 밀려난다. 이렇게 밀리다보면 4대보험도 불완전한 취약한 근로조건 속에 떨어진다. 가난이 대물림되는 구조 안으로 점점 끌려들어간다.

전문가들에 따르면 우리나라의 근로인구는 약 2천5백만명인데 이 중 비교적 괜찮은 일자리를 250만개로 보고 있다. 이 중에는 공무원 공공부문 대기업, 학교, 변호사, 의사 등 일부 전문직이 포함되어 있다. 세대를 불문하고 국민 중 약 10%에 해당한다. 위는 후하고 아래는 박한 이와 같은 구조가 기형적인 한국노동시장을 형성하고 있다.

게다가 상위 10%와 그 외의 90%의 격차는 점차 벌어지고 있는 반면 이를 개선하고자 하는 정치적, 행정적, 사회적 노력은 아주 적다. 하지만 재벌, 고위 공무원과 일부 전문직, 자산가, 지역 토호세력으로 부의 집중은 점차 가속화되고 있다.

심지어 건강한 중소기업의 수도 점점 줄고 있어 중간층의 견실한 일자리도 더불어 줄고 있다. 과학기술의 발전은 점차 인간의 노동력을 기계로 대체하고 있으며 주요 생필품 분야에서도 값싼 외국산 제품이 물밀 듯 몰려와 전통적인 제조업조차 점점 밀려나고 있다.

이에 따라 전통적인 일자리는 점차 줄고, 가혹한 한국의 천민자본주의는 수많은 직장인들을 비정규직으로 내몰고 있다. 여기에 정규노동시장에서 밀려난 수많은 장년층들이 저소득 자영업으로 내몰리고 있다. 이상이 다수 한국민들의 고단하고 팍팍한 현실이다.

그렇지만 모든 개인은 희망을 꿈꾸며 자신의 자리를 찾아가야 하고 척박한 현실일지라도 딛고 일어서 나아가며 가족을 보호하고 미래를 일구어야 한다. 이런 의미에서 자신을 성찰하고 자신이 가진 재능을 점검하며 자신의 약점을 보완하는 일은 언제나 필요하다. 이미 자신의 자리를 차지한 사람들은 자신의 직장을 잘 일구어야 하며 활력있는 삶을 가꾸어 가야 한다.

정관 편관 | 직장 생활의 피날레인 승진

역할과 자리, 승진, 일 등은 정관과 편관의 동태를 살펴봄으로써 추론해 낸다. 적당한 일자리를 갖는다는 것, 그리고 나이가 들어감에 따라 점차 그 역할이 증대된다는 것은 행복한 삶에 필수적인 조건이다. 자신에게 맞는 적당한 일자리를 갖기 위해서 관련분야를 전공하거나 시험을 치뤄야 한다. 직장을 잡았다 할지라도 승진을 위해서는 다양한 관문을 통과해야 한다.

여러 시험 중 전통적으로 사시, 행시, 외시는 시험의 꽃으로 여겨졌다. 이 시험들은 전통적인 관료를 뽑는 시험으로 여기에 합격하면 그는 정통 관료의 인생을 살게 된다. 최근 들어서 이 시험들 말고도 수없이 많은 시험이 존재한다. 각종 자격시험 및 박사학위 등이 그렇다.

관료조직이 아니더라도 모든 기업체들은 그 규모가 커질수록 점차 관료화되어 왔다. 삼성, 현대 등 거대 기업의 상층은 이미 관료조직화되어 작동한다. 사람들은 시험과 인사고과에 의해 승진이 결정되고 고위직으로 올라갈수록 인사권자의 눈에 띄어야 한다.

이때부터 승진은 정치적, 정무적 의미를 강하게 갖게 된다. 정상적인 승진에 의해 자신의 지위를 높이는 류의 것들을 정관이라고 부른다. 착실하게 한 계단씩 나아가는 형세를 취하지만 정관의 스타일도 고위직에 오르면 정치적 정무적 관계에 의해 자리가 결정되는데 이를 편관의 특성이라고 부른다.

정관이 시험과 고과에 따른 승진이라고 한다면 편관의 특성이 작용하는 것은 정치다. 정치 행위의 최고 표현은 선거이고 선거의 비중에 따라 대선, 총선, 지자제 선거 등이 실시되고 선거에 의해 그 주역이 선택된다. 선거의 달인들에 따르면 운칠기삼이라고 말하는데 정치는 말그대로 운명적 요소가 아주 강함을 시사하는 말이다.

선거에 의해 형성된 권력은 많은 자리를 임명한다. 이렇게 형성된 권한은 공무원으로 성장한 자리와는 달리 자신의 가치를 실현하는 힘을 갖게 된다. 그렇다면 명리학적으로 정관, 편관을 어떻게 살펴볼 수 있을까. 나를 극하는 오행을 관이라고 부른다. 만일 나의 인생코드가 갑목甲木이라면 나를 극하는 것은 금이다. 이를 금극목金克木이라고 말한다. 금에는 경신庚申, 신유辛酉가 있다. 이중 신辛과 유酉가 정관이고 경庚과 신申은 편관이다. 이를 도표화하면 다음과 같다.

	갑甲	을乙	병丙	정丁	무戊	기己	경庚	신辛	임壬	계癸
정관 正官	신유 辛酉	경신 庚申	계자 癸子	임해 壬亥	을묘 乙卯	갑인 甲寅	정오 丁午	병사 丙巳	기미축 己未丑	무진술 戊辰戌
편관 偏官	경신 庚申	신유 辛酉	임해 壬亥	계자 癸子	갑인 甲寅	을묘 乙卯	병사 丙巳	정오 丁午	무진술 戊辰戌	기미축 己未丑

우선 관성이 사주 상에 분명히 드러난다면 관으로서 성취가 있게 된다. 이런 경우라면 반기문 유엔 사무총장을 들 수 있다. 반기문 총장은 서울대학교 외교학과를 졸업하고 외무고시에 합격하여 외교업무를 익힌 정통 외무관료 출신이다. 그는 주뉴델리 부영사를 시작으로 외교통상부 차관을 거쳐 2004년 제33대 외교통상부 장관이 되었다. 그 후 그는 2006년 유엔 사무총장에 공식 임명되어 업무를 시작했다.

【반기문/남/양/1944년 6월 13일/시(?)】

時	日	月	年
0	무戊	경庚	갑甲
0	신申	오午	신申

　그의 관으로서의 성취는 선거와 국회활동이 핵심인 정치판이 아니라, 외무고시를 거쳐 정통 관료생활을 통해 이루어졌다. 무토 인생코드에 관은 갑甲으로 편관이다.

　그렇다면 사주상의 관이란 무엇인가. 규율이고 타자의 시선을 염두에 두면서 자신을 추스리는 것이다. 관이 사주상에 있는 사람들은 자신을 연마하고 일정한 원칙에 입각해 자신을 단련하는 일에 능하다. 그러므로 긴 시간 공부에 매달려 일정한 성취를 이뤄낼 수 있다. 정관은 바르고 균형있는 생각을 가능하게 해 주어 일명 모범생들의 성품을 지닐 수 있게 한다.

　또 관은 일을 나타낸다. 사주상에 관성이 잘 발달해 있으면 일하는데 능력을 발휘한다. 우리는 유사한 스펙을 갖고도 승진 등에 상당히 차이가 벌어지는 현상을 자주 보게 된다. 어떤 사람은 일은 잘하지만 관복이 없어 승진에 여러 장애를 안고 가는 사람들이 있다. 어떤 사람은 유독 승진복이 있어 고비고비마다 장애를 넘어서 상층으로 계속 진입한다. 이런 사람들은 운명적으로 관운이 있는 사람이다.

　관성이 발달된 사람은 명예가 있다. 명예의 사전적 의미는 "세상에서 훌륭하다고 인정되는 이름이나 자랑, 또는 그런 존엄이나 품위"이다. 이들은 사회적 평판, 덕행, 신용 등의 가치를 중시한다.

그렇다면 관성이 없는 사람들의 경우이거나, 혹은 관성이 많이 깨진 경우는 어떤 성향을 보일까? "사람들은 자신이 갖고 있지 못한 것을 탐한다"는 속설이 있다. 이들은 끊임없이 자신이 갖고 있지 못한 관이나 명예를 탐하면서 정치권 주위를 맴도는 경향을 갖고 자신이 유명한 사람들을 많이 아는 듯 포장함으로써 그들의 욕망을 소비하기도 한다. 이들은 한편으로 자유분망한 성향을 갖기도 하는데 특히 기업의 책임자일 경우 규정이나 룰이 없이 전횡하는 성향을 드러내기도 한다.

그렇다면 관과 재물은 어떤 관련이 있을까? 재생관격 사주라는게 있다. 재생관財生官이란 재물이 관을 생한다는 풀이인데 재물로 관직을 산다는 나쁜 의미까지 포함하여 정치에는 반드시 재물이 동원된다. 직장 내에서도 인사권자의 눈에 들려면 여러가지로 인사권자를 모시는데 이 과정에서 많은 돈이 필요하게 된다. 이러한 관행은 한국사회에서 빈번하게 발생한다. 아마도 동북아의 일반적 관행인지도 모른다.

아마도 전형적인 경우라면 매관매직이다. 교수 자리 하나 놓고도 이러한 관행이 광범위하게 퍼져 있다는게 공지의 사실이다. 선거로 넘어가면 돈은 필수적인 준비물이다. 아무리 실력을 갖추고 있고 정치에 대한 의지가 있어도 돈이 없으면 선거에 뛰어들기란 쉽지가 않다.

반대로 돈 많은 자산가들이 선거에 출마하는 경우, 자신의 재산을 지키기 위한 수단으로 종종 공직을 활용하는데 특히 기초의원 혹은 광역의원에 출마하는 사람들 중 그런 사례가 많다.

남자의 경우 편관과 정관 즉 관성이 많을 경우 성격이 거칠어 비난을 사는 경우가 있다. 관성은 규율, 단정, 준법을 의미하지만 과도할 경우는 권력을 믿고 행패를 부리며 타인을 겁주고 압박하는 경향도 지닌다. 관성이 많은 경우 다양한 문제에 개입해 자신의 의사를 관철하려 하며 그 과정에서 자신의 의지를 과도하게 드러내곤 한다.

대체로 이런 사람들은 검찰, 경찰, 군 혹은 이에 준하는 곳에 근무하는 사례가 많은데 이로 인해 많은 문제를 일으키곤 한다. 기업에 근무하는 경우에는 대관 업무 혹은 정무적인 업무를 맡는 경향이 많다. 관의 동태는 여자들에게는 남편 혹은 상대하는 남자들을 의미한다. 여자에게 정관이나 편관이 천간에 하나 지지에 하나가 뚜렷이 있다면 좋은 남자를 만난다. 게다가 재성이 관성을 도와 준다면 이보다 좋을게 없다.

이런 경우 그 여자는 좋은 배필을 만나 편안한 일생을 보낸다. 과거 여자의 일생을 좌우하는 것은 남자였다. 그 시대에는 여성에게 어떤 남자를 만나느냐가 인생의 모든 것이라 해도 과언이 아니다. 이것은 여성의 삶이 사회제도적으로 남성에 예속되었다는 데 기인한다. 최근 들어 이러한 경향은 상당히 완화되었지만 여자가 좋은 배필을 만난다는 것은 삶에 여전히 중요하다.

그렇다면 여자의 사주에 관성이 많을 경우는 어떻게 풀이될까? 넘치는 것은 부족하느니만 못하다고 했던가? 여자의 사주에 관성이 많으면 남자가 많아 진짜 자기 남자가 없는 것으로 풀이한다.

남자가 많다는 것은 실제로 이 남자 저 남자와 인연을 맺는다는 뜻일 수 있고, 혹은 남자들을 많이 상대하는 직업 가령 술집 마담과 같은 일에 종사할 수 있다는 뜻이다.

반대로 관성이 없으면 아무래도 남자와의 인연이 쉽지 않다. 최근 들어 결혼불능 남녀가 점점 많아지고 있다. 이는 반드시 경제적 이유만도 아니다. 이제는 여성들이 경제적으로 자립할 수 있는 기회도 많아졌고 여성에 대한 불필요한 압박도 많이 사라졌다. 하지만 결혼불능 남녀는 늘어난다.

이즈음에서 사르트르의 "실존이 본질에 앞선다"는 명제를 바꾸어 말해야겠다. "실존이 운명에 앞선다"라고. 운명론은 살아 있는 개인보다 불완전하다. 실존하는 개인은 에리히 프롬이 말한 대로 사랑하는 능력, 용기, 신념으로 사랑에 더 잘 성공할 수 있다. 이런 점에서 운명보다 의지를 가진 인간이 앞선다.

편인 정인 | 공부의 신

공신! '공부의 신'이란 말이 있다. 얼마나 공부가 중요하면 공부의 신이 되는 법을 주장할까? 이런 종류의 책들은 선배들의 생생한 조언과 함께 스트레스 해소법, 낮잠 활용법까지 소개하는데 각 과목별 공부법과 암기법, 필기법으로까지 이어진다. 명리학에서는 공부도 운명적 요소로 보아 아예 공부의 별, 학문의 별을 만들어 두었다.

이를 인수印綬라고 부르는데 어머니 복을 의미하기도 한다. 어머니의 보살핌과 공부의 복이 이어진 것으로 본 것이다. 이에 따라 인수의 동태를 살피는 것으로 공부와 어머니의 운을 다루었다.

우리 사회는 조선시대부터 공부에 대한 각종 신화와 사례가 끊임없이 발굴되고 생산된다. 조선시대 교육사 연구의 권위자인 정순우 한국학중앙연구원 교수의 '서당의 사회사'에 따르더라도 19세기에 이르면 가난한 마을에도 115호당 하나의 서당이 있을 정도였다고 한다.

이런 류의 기록은 17세기 제주도에 표류해 억류되었다가 13년만에 탈출한 네덜란드 선원 헨드릭 하멜의 '하멜표류기'에도 보인다. 그는 "조선의 아이들은 밤이고 낮이고 책상머리에 앉아 책을 읽었다"고 기록했다. 한국의 높은 교육열은 이미 세계적으로도 유명한데 버락 오바마 대통령이 수차례 "한국 교육을 배우자"고 했다는 건 잘 알려진 이야기다.

이런 교육열이 한국의 성공적인 경제사회적 성취의 원동력이었다고 자화자찬하는 경우도 있으나 다른 측면에서 상승의 사다리가 다양하지 못한 우리 사회의 협소한 경쟁구도를 표현하는 것이기도 하다. 어찌 되었건 한국 사회의 광적인 교육열이 세계적인 수준인 것은 분명하다.

한국사회는 오랜 세월 관료가 장악한 사회였다. 설령 과거시험에 합격하지 못했다 하더라도 지식인 사회에 편입된다는 것은 늘 정치적 상층부에 속한다는 것을 의미했다. 더구나 현재에 이르면 모든 방면으로의 직업적 진출에 공부는 선차적인 과정을 이룬다. 과거제도가 있었던 당시 공부는 정치적 진출의 최고의 통로였다.

사주상에 학문의 별인 인수가 있다면 학문을 가까이하는 운명으로 풀이한다. 만일 인생코드가 갑이라면 임수와 계수, 해수와 자수를 말한다. 갑이 목木인데 수水가 있다면 이것이 인수이다. 생아자生我者 즉 나를 생하는 사람이다. 나를 낳아주는 어머니다. 어머니의 도움이 있어야 어린 시절을 잘 보낼 수 있다.

인수도 편인과 정인으로 나눌 수 있는데 이를 도표화하면 다음과 같다.

	갑	을	병	정	무	기	경	신	임	계
정인	계자	임해	을묘	갑인	정오	병사	기미축	무진술	신유	경신
편인	임해	계자	갑인	을묘	병사	정오	무진술	기미축	경신	신유

그렇다면 학문의 길로 일생을 살았던 한 분을 거명해보자. 〈한국사 신론〉으로 유명한 이기백 교수는 한국사와 씨름하며 평생을 보냈다. 이기백은

논자에 따라 여러가지 평이 다를 수 있겠으나 스승이었던 이병도와는 달리 식민사관을 청산하는데 온 힘을 다했다고 알려져 있다. 여기서 그의 인생코드를 살펴보자.

【이기백/남/양/1924년 10월 21일/시(?)】

時	日	月	年
0	계癸	갑甲	갑甲
0	유酉	술戌	자子

이기백은 인생코드가 독일 철학자 칸트와 같이 계수癸水다. 칸트가 인간의 이성에 대한 탐구에 매달렸듯이 이기백은 한국사에 매달렸다. 이기백은 일지로 유금酉金을 갖고 있다.

유금은 인수로서 학문의 신이다. 유금은 인수 중 편인이다. 게다가 유금은 이 사주의 키포인트다. 편인이 인생코드 중 키 포인트가 되면 고집스럽게 한 분야를 탐구하는 성정을 갖게 된다. 이기백이 오랜 연구과정에서 저술한 역사개론서 〈한국사 신론〉은 가장 유명한 역사분야 수험서가 되었고 해외에 한국사를 알리는 대표 역사브랜드가 되었다.

이기백의 사주에는 식상食傷이 잘 발달되어 있다. 식상이란 새로운 것에 호기심이 많고 자신을 표현하는 능력이다. 이 점 역시 저술가로서 역량을 발휘할 수 있었던 인생코드였다.

사주상에 인수가 너무 많다면 어떤 특질을 가질까. 엄마의 보호가 많아 마마보이가 되거나 공주과가 될 가능성이 많다. 적당한 보호와 안내는 한 인간이 거목으로 성장하는데 좋은 토양이 된다. 하지만 과보호는 온실의 화초가 되어 일도 사랑도 자신있게 하지 못하는 불능세대를 양산한다.

게다가 치기어린 고집으로 유연성이 없고 신체적으로 허약한 몸을 갖게 되어 고생하는데 마치 거름을 지나치게 준 채소가 저항력이 없어 부실하게 되는 것과 유사하다. 한편 인수가 많지만 식상이 없는 경우라면 생각은 많지만 자신을 표현하고 드러내는데 익숙하지 않아 답답하게 느껴진다.

반면 인수가 없다면 어린 시절 부모의 보호를 잘 받지 못하는 사례가 많다. 부모의 직업적 이유 혹은 이혼 등 다양한 이유로 부모의 보호를 받지 못하거나 이산가족으로 지내게 되는데 그렇다고 하여 성공의 결정적인 장애가 되는 것은 아니다. 부모의 직접적 도움을 받지 못한다 하더라도 자신을 갈고 닦아 성공적 인생을 살아간 사례는 너무도 많다.

인수가 없으면 자신의 재주가 지나치게 자유분방하게 표출되는 것을 제어하지 못해 실수를 저지르는 경우도 있는데, 특이한 성격과 재질로 자신을 빛내고 싶은 사람이 있다면 어찌 말릴 수 있으랴.

비견 겁재 | 좋은 친구는 행복의 필수조건

不知其子 視其父 不知其人 視其友(孔子家語).

아들을 알지 못하겠거든 그 아버지를 보고, 그 사람을 알지 못하겠거든 그 친구를 보라. 이 말은 가문의 전통을 보면 사람을 알 수 있고, 어울리는 사람이 누군지를 알면 그 사람이 보인다는 뜻이다.

무릇 인생에서 친구의 중요성은 말할 나위 없이 중요하다. 태어나 처음으로 맺어지는 친구는 형제자매다. 공부를 하거나 직장을 갖거나 비즈니스를 시작하거나 형제, 자매, 친구의 영향은 지대하다.

미국 존스홉킨스 대학 사회학과의 제임스 콜먼 교수는 1966년 '교육기회균등에 대한 콜먼 보고서'에서 학생들의 학업성취도에 영향을 주는 것으로 '학생의 가정환경'과 '친한 급우의 가정환경' 두 요소를 지적했다(한겨레 신문 2014년 6월 2일).

그런데 조사 결과 예상과는 달리 '학교효과'는 고작 30%정도의 영향에 그쳤다. 이 역시 친구가 한 사람의 인생에 얼마나 큰 영향을 미치는지 보여 주는 연구결과다.

동양의 명리학은 친구, 형제, 자매의 동태여부를 비견, 겁재라는 개념으로 운명학에 도입했다. 친구, 형제, 자매의 의미는 주로 긍정적인 측면에서만 다루어져 왔다. 친구는 인생의 동반자고 형제자매는 삶의 버팀목이며 후원군이라는 식이다. 일반적으로 좋은 형제, 자매관계, 친구관계이거나 위기에 처했을때 다른이들로부터 많은 도움을 받았다면 이런 식의 해석은 타당하다. 또 구체적인 이해관계를 떠나 우정을 논하거나 형제자매의 사랑을 논하는 자리라면 그 역시 백번 지당하고 숭고한 평가라 하겠다.

하지만 그 형제, 자매 혹은 친구가 적인 경우도 많다. 특히 왕권을 둘러싼 형제들의 암투는 동서양을 막론하고 권력투쟁의 중요한 방식이었다. 극단적인 경우라면 16세기경 오스만투르크 제국에서 새로운 술탄이 즉위할 때 형제를 모두 살해하는 끔찍한 전통이 있었는데 이 정도라면 형제는 누구보다 경계해야 할 적이었다.

현대에 이르러서도 형제관계가 우호적이지 않은 사례가 너무 많은데 이는 대개 재산다툼으로 나타난다. 최근 재산을 둘러싼 형제 혹은 가족내 암투와 복잡한 여자관계는 막장드라마의 빠지지 않는 단골 메뉴가 되었다. 드라마 속의 허구가 아니더라도 재산가들 내부에 상속에 대한 이해 상충으로 가족관계가 깨진 사례는 허다하다.

이는 반드시 대단한 재산가 집안 만도 아니고 부모 사후 무언가 남아 있는 집안이라면 거의 예외 없이 벌어지는 현상이다.

이렇게 벌어지는 형제, 자매, 친구의 특질을 다루는 항목으로 명리학은 비견比肩과 겁재劫財라는 개념을 만들었다. 비견은 어깨를 걸고 같이 나아간다는 의미이고 겁재는 재물을 겁탈해 간다는 뜻인데, 좋은 관계일 때 형제, 자매, 친구는 동반자이지만 성과를 나눌 때는 나의 몫을 가져가는 경쟁자이기도 하다. 만일 당신의 인생코드가 갑이라고 한다면, 갑인 을묘가 비견, 겁재 즉 비겁이 된다. 비겁은 비견, 겁재를 통칭하는 말이다.

그러면 각 인생코드와 비견, 겁재를 도표화해 보자.

	갑	을	병	정	무	기	경	신	임	계
비견	갑인	을묘	병사	정오	무진술	기미축	경신	신유	임해	계자
겁재	을묘	갑인	정오	병사	기미축	무진술	신유	경신	계자	임해

만일 당신의 인생코드가 경庚이라면 비견은 경庚과 신申이 되고 겁재는 신辛과 유酉가 되어 비겁은 경신신유庚辛申酉가 된다.

사주상에 비견, 겁재가 많으면 고독하다. 표면적으로 비견, 겁재가 많다는 것은 친구와 형제자매가 많다는 것으로 해석할 수 있지만, 많다는 것은 없는 것과 같다는 역설적인 해석이 더해진다.

비견, 겁재가 많으면 한정된 재물을 둘러싸고 피어린 쟁투가 벌어져 실제로는 형제자매 관계가 깨지는 것으로 나타난다. 이런 이들은 또 상당한 고집의 소유자이기도 하다.

이들은 자신의 주장을 쉽게 꺾거나 포기하지 않는다. 그렇기에 부드러운 인간관계를 유지하는데 어려움이 있다. 이런 사람들이라면 타인의 눈으로 자신을 보며 세상을 향하여 열린 시각을 갖는게 필요하다. 인간은 대개 자신의 한정된 시야로 사물을 보곤 하는데, 상대적 타자야말로 총체적 시각을 확보하는데 중요한 밑거름을 제공한다.

3부

원리론

음양론 | 빛과 어둠이 만드는 우주쇼
만물에 스며있는 음과 양

오행론 | 다섯가지 기운의 파노라마
오행이란 무엇인가
오행의 상생상극

십간십이지론 | 10개의 인생코드와 땅의 기운

① 음양론 빛과 어둠이 만드는 우주쇼

동서양의 우주발생론과 명리학의 우주관

　세계는 어떻게 만들어졌는가? 명리학에서 세계는 기氣의 음양론적 순환에 의해 만들어졌다고 한다. 이런 점에서 명리학의 이론적 토대는 음양론陰陽論이다. 음양론은 고대 동아시아인들의 우주발생론으로 만물의 생성 소멸을 기氣의 상호작용과 순환으로 설명하는 이론이다. 이에 따르면 기는 상호작용을 통해 양과 음으로 나뉘고 음양기운이 만물의 발생과 운동을 낳았다. 기를 현대의 에너지 개념으로 치환한다면 음양론은 관념론이라기보다 유물론적인 토대 위에 서 있다. 동아시아 우주발생의 주관자는 초월적 신이 아니라 만물에 내재해 있는 기다.

　이에 반해 서구인들이 보는 우주발생의 기원은 다음과 같다. 성경의 세계창조론은 창세기 편에서 7일간의 신의 작업으로 설명했다. 첫째 날 신은 빛을 만들어 빛과 어둠을 구분하고, 둘째 날 하늘의 모양을 만들며, 셋째 날 바다와 육지 및 초목을 만들고, 넷째 날 해와 달 그리고 별을 창조하며, 다섯째 날 물고기와 새를 만들었다. 여섯째 날 육지동물과 만물을 다스리는 인간을 만들었다. 일곱째 날 신은 모든 창조작업을 마무리 하고 휴식을 취했다.

성경의 세계창조에는 초월적 신의 제작 의도와 설계도가 반영되어 있다. 여기서 신은 자신을 닮은 인간에게 모든 다른 것들을 주관할 수 있는 특별한 권능을 부여했다. 인간중심주의를 강조하는 대목이다. 이런 관점을 갖게 되면 인간은 모든 무생물과 생물을 자신의 의지에 맞게 개조하고 부릴 수 있는 권능을 갖게 된다. 『철학 vs 철학, 강신주, 그린비』

다음으로 서양철학자 화이트헤드 Alfred North Whitehead가 〈과정과 실재〉에서 "2000년 동안 서양의 철학은 모두 플라톤의 각주에 불과하다"고 말했던 플라톤 철학의 우주발생설을 살펴보자. 플라톤은 〈티마이오스〉에서 자신의 우주발생론을 다음과 같이 설명했다.

"생성되는 모든 것은 또한 필연적으로 원인이 되는 어떤 것에 의해 생성된다. 어떤 경우에도 원인이 없이 생성될 수 없기 때문이다. 그런데 무엇을 '만드는 이'dimiourgos이건 간에, 그가 '언제나 같은 상태로 있는 것'을 바라보며, 이런 것을 '본本'paradeigma으로 삼고서, 자기가 만든 것이 그 형태와 성능을 갖추게 할 경우에라야, 또한 이렇게 완성되어야만 모든 것이 필연적으로 아름다운 것이 된다."

플라톤에 따르면 세계창조는 제작자가 있어야 하며, 무엇을 만들지에 대한 형상을 미리 갖고 원료인 질료가 있어야 한다. 플라톤이 설명하는 세계는 분명 성경에서 말하는 세계창조의 과정과는 다르지만 유사한 패턴을 갖고 있다. 성경이든 플라톤이든 현실세계를 초월한 절대자가 있어야 한다.

고대 로마의 철학자 루크레티우스Tiltus Lucretius Carus는 또 다른 방식으로 우주발생을 설명했다. 그는 〈사물의 본성에 관하여〉에서 실재하는 것은 오직 더 이상 나눌 수 없는 물체(원자)의 평행한 운동과 텅빈 공간뿐이었다며, 다만 이러한 원자의 미세한 어긋남에 의해 충돌이 일어나고 그 충돌이 세계 만물을 만들어 냈다고 주장했다. 그는 세계창조를 원자론적 우주론에 근거해 설명했다. 이런 점에서 그는 성경과 플라톤의 절대적 초월자론과 반대로 내재주의에 입각해 우주발생을 설명했다.

다시 동아시아인들의 우주발생론으로 되돌아가 보자. 전한 시대 〈회남자〉천문훈 편에서 우주의 발생을 다음과 같이 설명하고 있다. "기에는 구분이 있다. 맑고 밝은 것은 위로 올라가 하늘이 되고 무겁고 탁한 것은 응결되어 땅이 되었다. 맑고 미묘한 것이 모이기는 쉽지만 무겁고 탁한 것은 응결되기 어렵다. 그래서 하늘이 먼저 생기고 땅이 나중에 생겼다. 하늘과 땅이 부합한 기가 음양이 되고 음양의 순수한 기는 사시四時가 되었으며 사시의 흩어진 기는 만물이 되었다."

태초에 기가 있고 그 기가 음양의 기운으로 나뉘어 이윽고 만물이 되었다는 설명이다. 기이론氣理論은 줄곧 동아시아 사유의 근간이 되어 발전하

원리론 § 157

게 되는데 북송의 장재張載에 이르면 또 다시 기氣는 신유학의 출발점이 되었다. 그는 기를 다음과 같이 이해했다.

"태허란 형체가 없는 기의 모습이다. 그 기가 모이고 흩어지는 것은 변화에 의해 발생하는 일시적인 형체에 지나지 않는다. 기가 태허에서 모이고 흩어지는 것은 마치 얼음이 물에서 얼고 녹는 것과도 같다."『정몽 正蒙』태화편 그에 따르면 기는 형체가 있기도 하고 없기도 하지만 모든 발생과 운동에 기가 있음을 주장했다. 여기에 중국 남송의 유학자 주희는 기의 모든 운동에는 이를 관통하는 리理가 존재한다고 주장함으로써 신유학적 사유를 완성했다.

명리학은 기이론氣理論에 입각한 우주발생을 다음과 같이 공리화했다. 기는 음과 양으로 나뉘고 음양은 다시 사시 즉 봄, 여름, 가을, 겨울, 계절의 순환을 낳았다. 계절의 순환이 순조롭게 이어지기 위해서는 이를 조정 중재하는 기운 즉 토기운이 있어야 했다. 이렇게 하여 목화금수에 중화의 기운 토를 합쳐 오행 기운이 서로 생하고 서로 견제하면서 만물의 성질을 드러냈다고 설명한다.

음양론 해설 만물에 스며있는 음과 양

동아시아의 음양론은 명리학을 이해하는데 필수적인 관문이다. 기氣는 빛과 어둠에 따라 자신을 음양으로 드러낸다. 음陰은 그늘이고 양陽은 볕이다. 해가 뜨면 언제나 볕과 그늘이 있다. 계절이 변화함에 따라 볕이 우세하기도 하고 그늘이 우세하기도 하다. 봄 여름이 양이라면 가을 겨울은 음이다. 음양의 변화는 계절의 흐름에서 분명히 드러난다. 음양은 고정적이지 않고 늘 변화하면서 적절한 균형을 이룬다.

동지冬至와 하지夏至, 춘분春分과 추분秋分은 계절에 따른 음양 변화를 이해하는 기준이 되었다. 동지는 낮이 가장 짧고 밤이 가장 길다. 동지가 지나면 낮은 길어져 춘분에 이르러 밤과 낮이 같아진다. 춘분이 지나면 낮이 더욱 길어져 하지에 이른다. 하지가 지나면 낮이 짧아져 추분에 이르고 또

원리론 § 159

다시 밤과 낮이 같아진다. 동지에 이를수록 낮은 더욱 짧아지고 밤은 길어진다. 더욱 세분화하면 24절기로 발전한다. 하늘은 양이고 땅은 음이다. 하늘과 땅이 갖고 있는 다양한 속성은 음양의 속성과 같다. 하늘의 기는 눈에 보이지 않지만 높고 빠르고 맑다. 반면 땅의 기는 낮고 눈에 보이고 물질적이며 탁하고 느리다.

이를 바탕으로 다양한 현상을 음양으로 구분할 수 있다. 명암, 주야, 천지, 상하, 건곤, 남녀, 자웅, 강약, 강유, 철요凸凹, 표리, 생사, 기우奇偶 등이 그것들이다. 밤이 깊으면 새벽이 오고 더위가 기승을 부리면 어느새 서늘한 기운이 스며들듯이 음이 극에 이르면 양이 솟아나고, 양이 극에 이르면 음이 에워싸기 시작한다. 이렇게 자연은 음과 양이 끊임없이 밀고 당기며 변화해 간다.

음양표												
양	명	주	천	상	건	부	남	자	강	강	철	겉	내
음	암	야	지	하	곤	모	녀	웅	약	유	요	속	외

인간의 몸도 음양으로 본다면 상체가 양이면 하체는 음이다. 상체 중 앞이 음이면 뒤의 등은 양이다. 이는 앞은 오그라들지만 뒤는 오그라 들지 않아 오그라드는 것은 음 그렇지 않은 것은 양으로 이해할 수 있다. 마찬가지로 하체 중 앞이 양이라면 뒤는 음이다.

이를 체질론과 연결해보면 상체가 하체보다 견실한 사람은 양인이고 그 반대의 사람은 음인이다. 목줄기가 튼튼하여 뿔이 나거나 갈기가 무성한 사자나 기린, 말, 사슴 등은 양기운이 강하고, 배통이 아주 실해 몸통과 머리통을 구분할 수 없는 코끼리, 하마, 곰은 음기운이 강하다. 또 소나 개, 양처럼 어깨판이 튼튼하지만 하복부가 부실한 동물은 양기운이 강한 동물이다. 반면 돼지, 캥거루, 토끼처럼 앞다리와 가슴은 왜소하고 엉덩이가 견실한 동물은 음기운이 강한 동물이다.

식물의 경우도 음양 구분이 가능하다. 대나무는 봄기운처럼 너무 빠른 속도로 성장하여 마디를 만들어야 쓰러지지 않는다. 은행나무나 배나무는 솟구치는 양의 성질이 강해 곧게 대를 올린다. 대추나무는 여름의 기운처럼 가지를 강하게 뻗는다. 모두 다 양기운이 많은 나무들이다. 하지만 감이나 벚나무 등은 모아 뭉치는 기운이 많아 둥글둥글한 모습을 지니고 열매 또한 둥글고 풍성한 모습을 지녔다.

버드나무나 개나리 등은 끌어내리는 기운이 많은 까닭에 축 늘어져 있다. 또 소나무 전나무 등의 침엽수와 엄나무 오가피나무 등은 양기가 부족한 나머지 미세한 침엽을 만들거나 가시들을 만들어 햇빛을 가능한 한 많이 받아들이고자 한다. 모두 음기운이 많은 나무라고 할 수 있다. 이러한 구분법은 동양의학의 바탕이 되었다.

가령 양기운이 강한 사슴뿔인 녹용은 음인에게는 약이지만 양인에게는 독이 된다. 마찬가지로 양기운이 많은 인삼 설탕 커피는 음인에게는 이로운 식품이지만 양인에게는 도움이 되지 않는다. 반면 엄나무, 오가피나무, 버드나무 속껍질로 만든 아스피린은 양인에게 좋은 식품과 약이 된다.

안개가 많고 습한 런던의 음인들에게 양기운이 많은 커피는 최고의 차가 되지만 태양빛이 많고 사막과 맞닿아 있는 LA의 양인에게 커피는 좋은 음식이 아니다.

음양론이 사주해석상에서는 어떻게 적용될까. 자정은 밤 12시고 정오는 낮 12시다. 해가 넘어가는 7시 후에 태어났으면 술戌시에 태어난 것이다. 계절에 따라 일몰에 차이가 있지만 낮이 끝나고 밤이 시작되는 시간은 술시戌時다.

술꾼이라면 술이 입에 당기는 시간으로 밝음에서 어두움으로 넘어가는 저녁이다. 아직 어둠에 완전히 익숙하지는 않을 때다. 도시야 조명이 있지만 조명이 없는 곳에는 어두움이 두려움을 동반한다. 하루를 말하자면 삶과 죽음이 교차하는 시간이다.

계절로도 그렇다. 절기로 한로寒露, 상강霜降으로 이어지는 술戌월이면 만물이 생의 환희를 거둬들이고 긴 겨울을 날 채비를 서두른다. 인생으로 비유한다면 노년을 준비하는 시절이다. 사주상 이 글자가 있으면 종교적 사상적, 철학적 소양을 갖게 되고 생사와 관련된 직업에 종사하는 경우가 많다. 종교인, 의사, 장의사, 보험회사 등이 이런 직업이다.

오행론 다섯가지 기운의 파노라마

오행이란 무엇인가

　음양기운은 다섯가지 기운인 오행으로 구체화된다. 오행은 목화토금수 木火土金水기운이다. 이런 사유는 요일 이름에도 오행의 흔적을 남겼다. 화요일, 수요일, 목요일, 금요일, 토요일로 해와 달을 포함하면 일요일, 월요일이 추가되어 일주일이 되었다. 별이름에도 오행을 붙였다.

　화성·수성·목성·금성·토성이다. 태양이 그 중심에 있고 지구와의 사이에 금성과 수성이 있다. 그리고 지구로 부터 화성→목성→토성이 있다. 태양을 중심으로 본다면 태양→수성→금성→지구→화성→목성→토성 순으로 배치되어 있다.

　오행을 풀이하면 목은 나무, 화는 불, 토는 흙, 금은 쇠, 수는 물 등 유형의 물질로 이해할 수 있다. 더 나아가 동양인들은 기운, 방위, 계절, 색, 운율, 맛 등 다양한 영역으로 적용범위를 확장하였다. 방위의 경우 동은 목, 남은 화, 서는 금, 북은 수, 중앙을 토로 배치했다. 여기에 색까지 배치하면 목은 청색, 남은 적색, 서는 백색, 북은 흑색, 중앙은 황색이다. 고구려 고분벽화는 사신도에서 동방은 청룡, 서방은 백호, 남방은 주작, 북방은 현무로 표현하였는데, 그처럼 고대에 오행은 회화와 공예의 기본채색 원리가 되었다. 황금색은 오직 왕만이 사용할 수 있는 색으로 장예모 감독, 주윤발·공리 주연의 '황후화'를 보면 모든 복식과 장식을 황금색으로 물들였다. 황제와 황후의 색이기 때문이다.

서울 사대문의 경우도 오행이 적용된 예다. 인의예지신을 목금화수토에 배속시켜 동대문의 옛이름은 흥인지문興仁之門, 서대문의 옛이름은 돈의문敦義門, 남대문의 옛이름은 숭례문崇禮門, 북쪽에 있는 문을 숙정문肅精門으로 지었다. 1940년 발견된 훈민정음해례본에 따르면 한글창제원리에도 오행론이 적용되었다. 어금니소리인 ㄱㅋ은 '목', 혓소리인 ㄴㄷㄹ은 '화', 입술소리인 ㅁㅂㅍ은 '토', 잇소리인 ㅅㅈㅊ은 '금', 목구멍소리인 ㅇㅎ은 '수'라고 밝히고 있다.

자음과 모음의 음양오행론은 성명학으로도 이어져 이름을 짓는 경우에도 오행의 상생원리가 적용되고 있다. 요즈음은 항렬과 관계없이 이름을 짓지만 성씨의 항렬순서에도 오행이 적용되었다. 가령 어떤 성씨의 항렬순 돌림자를 보면 동東→환煥→기基→종鐘→수洙로 이어지는데 목화토금수가 각각 담겨 오행이 적용되었음을 알 수 있다.

계절의 흐름으로 오행을 더욱 깊이 이해해보자. 목기운을 대표하는 계절은 봄이다. 봄은 응축되었던 기운이 솟구치는 계절로 모든 생명이 약동하고 새롭게 솟아난다. 온 초목은 수기를 머금고 새싹과 줄기를 올리고 꽃눈과 잎눈 틔우기를 준비한다. 봄은 여유있게 초목을 키우지 않고 반드시 시련을 동반한다.

거센 봄바람이 초목을 흔들며 땅속에 깊게 뿌리내릴 것을 요구한다. 땅속에 뿌리를 깊이 내렸을 즈음이면 봄비를 내려 온갖 자양분과 햇빛으로 생장을 돕는다. 얼마간 가뭄도 동반한다. 이렇게 봄이 만개할 즈음이면 봄도 아니고 여름도 아닌 시간이 지나간다. 진辰월이다. 목의 계절이 지나가고 잠시 토土가 계절 사이를 중계한다.

화기운을 대표하는 계절은 여름이다. 나무는 뿌리를 깊이 박고 꼿꼿이 줄기를 세우며 연초록 잎사귀는 양분과 햇빛으로 강하고 짙푸른 녹음을 연출한다. 여름날의 강렬한 빛은 온갖 초목을 들뜨게 만들고 초목은 제 세상인 양 생명력을 과시한다. 쏟아지는 빗물은 뜨거운 열기를 식히기도 하면서 여름의 화려한 변화를 풍성하게 만든다. 봄이 솟구치는 기운을 대표한다면 여름은 확장하는 화기운을 대표한다. 여름이면 초목이건 짐승이건 사람이건 늘어질대로 늘어진다. 여름의 끝자락이 되면 여름도 아니고 가을도 아닌 토의 계절이 끼어든다. 이것이 미未월이다. 오행으로 또 토의 계절이 중계한다.

금기운을 대표하는 계절은 가을이다. 입추가 지나면 초목은 짙푸른 녹음으로 여전하지만 안으로는 물 기운을 조금씩 거둬들이기 시작한다. 서늘한 기운이 돌기 시작하는 가을이면 잎은 누렇게 변해가고 어느 새 쓸쓸히 잎을 떨어뜨린다. 이 때 모든 에너지는 열매로 모아진다. 가을의 모아 뭉치는 기운이다. 모아 뭉치는 기운으로 모든 열매는 탐스러워진다. 날짐승 들짐승도 덩달아 살찌며 긴 겨울날을 준비하며 분주히 움직인다. 저물어가는 태양으로 드리워진 깊은 그늘로 만 생명은 숙연해지기 시작한다. 높은 하늘, 빛나는 햇살, 맑은 바람, 텅비기 시작하는 들녘은 가을을 더욱 깊게 한다. 이제 술戌월 토기운이 가을과 겨울을 중계할 때가 된다.

수기운을 대표하는 계절은 겨울이다. 풀들은 뿌리만 남기고 나무들은 앙상한 가지만 남긴 채 세찬 겨울바람을 기다린다. 가을의 풍성한 열매는 겨울의 끌어내리는 수기운으로 땅 속에 묻힌다. 온갖 생명은 미동도 하지 않은 채 오직 실낱 같은 생명줄을 부여잡고 눈과 북풍을 견딘다. 화려한 것들을 거두어들이고 환생의 내일을 기다릴 뿐이다. 짐승들도 긴 겨울을 인내로 견뎌야 한다. 날짐승만이 간간이 생명이 있음을 확인할 뿐 짐승들의

오행과 각종 상					
	木	火	土	金	水
기운	바람風	열熱	습濕	조燥	한寒
방위	동	남	중앙	서	북
계절	봄	여름	사계	가을	겨울
오상	인	예	신	의	지
오지	성냄	기쁨	생각	두려움	근심
오색	청	적	황	백	흑
오음	각음	치음	궁음	상음	우음
오미	신맛	쓴맛	단맛	매운맛	짠맛

움직임도 현저히 줄었다. 이렇게 겨울은 온 생명에게 자연의 매서운 한기로 움직임을 삼가게 한다. 겨울의 밤이 깊이를 알 수 없는 심연으로 들었을 때 다시 빛이 솟아 난다. 음이 극에 이르자 양이 솟아나기 시작한 것이다. 봄의 전령이 새로운 사계를 암시한다. 이렇게 사계는 목화토금수를 대표하면서 순환을 계속한다.

오행 五行의 상생상극 相生相剋

오행은 서로를 낳고, 서로를 억제한다. 오행의 상생부터 살펴보자. 목은 화를 낳고木生火, 화는 토를 낳고火生土, 토는 금을 낳고土生金, 금은 수를 낳고金生水, 수는 목을 낳는다水生木. 이렇듯 만물의 다섯 가지 기운은 도움을 받고 도움을 줌으로써 서로 낳는다. 목이 화를 낳음은 불 속에 나무를 집어넣으면 불이 더욱 번성하게 되는 것과 같다.

화가 토를 낳음은 화산이 폭발하여 생성된 화산재가 땅을 아주 비옥하게 만드는 이치다. 번개가 들이친 들은 기운이 번성하여 풍년의 밑바탕이 된다. 화가 토를 생하는 까닭이다. 봄에 들녘에서 짚을 태우는 것도 지력을 회복하기 위한 전통적인 방법이었다. 불은 땅을 비옥하게 만든다.

토가 금을 낳음은 땅이 굳어지면 단단한 바위가 되거나 특별한 원소가 응축되어 광물이 되는 이치다. 토생금이다. 단단해진 암석이나 광물 층은 물기를 가두어 물을 낳았다. 하늘에 떠 있는 구름도 모아 뭉치게 하는 금 기운이 수기운을 끌어모아 응결시킨 결과다. 이렇게 생성된 하늘의 수기운은 비가 되어 만물을 적신다. 비는 초목에게 생명수가 되어 수생목하는 기운을 낳는다.

오행의 상극을 살펴보자. 오행은 상생하기도 하지만 서로를 제약함으로써 균형을 유지한다. 목인 나무는 토인 땅에 뿌리를 내린다. 이를 목극토木 剋土라고 표현했다. 화인 불은 금인 암석과 광물을 녹이는데 이것이 화극금이다. 토인 땅은 수인 물을 가두거나 물길을 돌린다. 땅의 상황에 따라 물의 움직임이 변한다. 이를 토극수라고 표현했다.

금인 날카로운 돌이나 금속으로 목인 나무를 변형시키고 다듬는다. 금극목이다. 수인 물은 화인 불을 끄는 대표적인 수단이다. 수극화다. 이와 달리 목은 수의 도움을 받고 화에게 도움을 준다. 한편 목은 금에 의해 억제당하고 토를 억제한다. 이렇듯 오행은 상생, 상극 작용을 통해 변화하고 자신을 드러낸다.

이를 도표로 그려보면 다음과 같다.

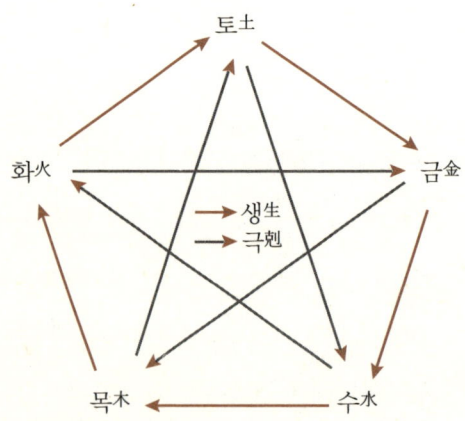

즉 오행은 계절이 변화함에 따라 왕성하고 쇠약해진다. 목기운은 봄에 가장 왕성하며, 겨울에도 왕성하다. 겨울에는 수기운을 받기 때문이다. 여름에는 화기운에게 기운을 빼앗겨 쇠퇴하며 가을에는 금기운에 제압당해 가장 쇠약하다. 화기운은 여름에 가장 왕성하며 봄에도 왕성하다. 봄에는 목기운을 받기 때문이다. 가을에는 쇠약해지며, 겨울이 되면 수기운에 제압당해 가장 쇠약하다.

금기운은 가을에 가장 왕성하며 토가 성하는 진미술축辰未戌丑월은 토기운을 받아 왕성하다. 겨울과 봄에도 쇠약하며, 여름에는 화기운에 제압당해 가장 쇠약하다.

수기운은 겨울에 가장 왕성하며 가을철도 금기운을 받아 왕성하다. 봄이면 목기운에게 기운을 빼앗겨 약해지고 여름과 진미술축辰未戌丑월에는 가장 쇠약하다.

토기운은 진미술축辰未戌丑월에 가장 왕성하고 여름에도 왕성한데 이는 여름의 화기운에 도움을 받기 때문이다. 가을과 겨울에는 쇠약해지며, 봄에는 목기운에 제압당해 가장 쇠약해진다.

십간십이지론 10개의 인생코드와 땅의 기운

사주란 절기력에 따른 생년월일시의 간지干支표현이다. 서양력이 들어오기 전까지 조선시대 모든 시간에 대한 기록은 간지로 표시되었다. 하늘기운을 표현하는 천간天干은 10개이며, 땅 기운을 표현하는 지지地支는 모두 12개다. 천간天干은 갑을병정무기경신임계甲乙丙丁戊己庚辛壬癸로 10개의 기운으로 분화되고 지지地支는 자축인묘진사오미신유술해子丑寅卯辰巳午未申酉戌亥로 12개 기운으로 변화한다.

10간12지는 모두 음양 중 하나에 배속된다. 우선 열 개의 천간은 그 자체가 하늘기운이므로 양이고, 열두 개의 지지는 땅의 기운으로서 그 자체가 음이다. 이는 간지를 하나의 짝으로 볼 때 그렇다는 것이다.

각각의 천간과 지지는 그 내에서 음양이 번갈아 가며 이어진다. 10간에서 갑은 양이고 을은 음이며, 병은 양이고 정은 음이며, 무는 양이고 기는 음이며, 경은 양이고 신은 음이고, 임은 양이고 계는 음이다.

10간과 음양과 오행										
10간	갑甲	을乙	병丙	정丁	무戊	기己	경庚	신辛	임壬	계癸
	양	음	양	음	양	음	양	음	양	음
	목	목	화	화	토	토	금	금	수	수

12지지에서는 자는 양이고 축은 음이며, 인은 양이고 묘는 음이며……술은 양이고, 해는 음이다.

12지지는 계절과 시간을 표현한다.

12지와 음양과 오행												
12지	자子	축丑	인寅	묘卯	진辰	사巳	오午	미未	신申	유酉	술戌	해亥
	양	음	양	음	양	음	양	음	양	음	양	음
	수	토	목	목	토	화	화	토	금	금	토	수

다음은 지지와 절기와의 관계이며, 각월은 음력기준이다.

지지와 절기와의 관계			
寅	1월, 입춘이후	申	7월, 입추이후
卯	2월, 경칩이후	酉	8월, 백로이후
辰	3월, 청명이후	戌	9월, 한로이후
巳	4월, 입하이후	亥	10월, 입동이후
午	5월, 망종이후	子	11월, 대설이후
未	6월, 소서이후	丑	12월, 소한이후

다음은 지지와 시간과의 관계다.

지지와 시간과의 관계			
子	오후 11:30분~오전 1:30분	午	오전 11:30분~오후 1:30분
丑	오전 1:30분~오전 3:30분	未	오후 1:30분~오후 3:30분
寅	오전 3:30분~오전 5:30분	申	오후 3:30분~오후 5:30분
卯	오전 5:30분~오전 7:30분	酉	오후 5:30분~오후 7:30분
辰	오전 7:30분~오전 9:30분	戌	오후 7:30분~오후 9:30분
巳	오전 9:30분~오전 11:30분	亥	오후 9:30분~오후 11:30분

10간12지는 모두가 오행에 배속된다. 우선 10간에서 갑을은 목이고, 병정은 화이며, 무기는 토이고, 경신은 금이며, 임계는 수이다. 10간은 순서대로 2개씩 묶음으로 목화토금수의 순서로 이어져 있다.

이를 음양구분과 연결시켜 본다면 갑은 양목이고 을은 음목이며, 병은 양화고 정은 음화며, 무는 양토고 기는 음토며, 경은 양금이고 신은 음금이며, 임은 양수고 계는 음수가 된다.

12지도 인묘는 목이고, 사오는 화이며, 신유는 금이고, 해자는 수이며 진술축미는 토이다. 목화금수는 2개의 지지인데 토만 4개의 지지가 된다. 이를 전체적으로 보면 목화금수로 이어지는 지지 가운데 토가 중간에 끼어 타 오행으로 변화해 가는데 징검다리의 역할을 한다.

종합하면 하늘기운 십간과 땅기운 12지 안에는 음양과 오행이 내재되어 있다. 십간과 십이지가 짝을 이루어 60개의 간지 표현이 생겨난다. 갑자 을축 병인 정묘……경신 신유 임술 계해 이렇게 60개가 되는데 이를

60갑자라 한다. 이런 식으로 간지가 짝을 지어 60개가 되면 또 다시 60개가 반복된다. 60개의 간지가 이뤄지기까지 10간은 여섯 번 반복되고, 12지는 다섯 번 반복된다.

  60갑자 중에는 같은 간지가 반복되는 경우는 없다. 수학에서 사칙연산이 모든 계산의 출발이듯이 음양, 오행, 10간, 12지, 60갑자는 명리학의 출발점이다.

육십갑자									
甲子	乙丑	丙寅	丁卯	戊辰	己巳	庚午	辛未	壬申	癸酉
甲戌	乙亥	丙子	丁丑	戊寅	己卯	庚辰	辛巳	壬午	癸未
甲申	乙酉	丙戌	丁亥	戊子	己丑	庚寅	辛卯	壬辰	癸巳
甲午	乙未	丙申	丁酉	戊戌	己亥	庚子	辛丑	壬寅	癸卯
甲辰	乙巳	丙午	丁未	戊申	己酉	庚戌	辛亥	壬子	癸丑
甲寅	乙卯	丙辰	丁巳	戊午	己未	庚申	辛酉	壬戌	癸亥

4부

음양오행과 운명론

사주와 대운 뽑는 법

운명론의 몇 가지 간단한 공식

여러가지 살 양인 괴강 화개 역마 도화

역마살 도화살 화개살

사주와 대운 뽑는 법

포털사이트 검색창에 '사주풀이 도우미' 혹은 '만세력'을 찾으면 사주명식표가 나온다. 여기에 당신의 생년월일을 입력해보라.

만일 당신이 여자이고, 양력 1980년 4월 10일 정오에 태어났다면 다음과 같이 한자 도표가 나타난다.

시	일	월	년
戊	癸	庚	庚
午	丑	辰	申

대운	82	72	62	52	42	32	22	12	2
	辛	壬	癸	甲	乙	丙	丁	戊	己
	未	申	酉	戌	亥	子	丑	寅	卯

위 사람은 계癸 인생코드의 사람이다.

음력이든 양력이든 상관이 없다. 그러면 위와 같이 네 기둥(사주四柱)에 여덟 글자(팔자八字)가 나온다. 이것이 본인의 사주팔자四柱八字인데 'OO의 명命' 혹은 'OO의 사주'라고 말한다.

그 밑에는 10년 단위로 숫자가 나오고 두 글자로 된 기둥이 연이어 쓰여 있다. 이것을 운運 혹은 운세運勢라고 부른다. 10년 단위의 흐름으로 대운大運이라고 부른다. 이 두 개를 합쳐 'OO의 명운命運'이라고 부르거나 '명식命式' 혹은 '명조命造'라고 부른다.

차와 도로에 비유하면 명命 혹은 사주四柱는 운명의 기본적인 체體를 의미한다. 그릇의 크기와 성질을 확인할 수 있다. 버스인지 트럭인지 승용차인지, 승용차 중·고급형인지 일반형인지를 분별하는 것이다. 고급승용차 중에서 잘 관리된 차일수도 흠집이 난 고급승용차일 수도 있다.

10년 단위로 늘어져 있는 운세運勢는 10년 단위로 어떤 도로를 달리고 있는지를 나타낸다. 즉 10년 단위로 고속도로를 달리고 있는지 지방도를 달리고 있는지 소로를 달리고 있는지 비포장도로를 달리고 있는지를 분별한다. 고급 승용차를 타고 비포장도로를 달리고 있을 수 있고, 소형승용차를 타고 아름다운 해변가를 달릴 수도 있다. 위의 명식命式은 2~11세, 12~21세, 22~31세……. 이런 식으로 차는 같지만 도로가 계속 바뀐다.

어떤 사람이 처음에는 비포장도로에서 시작하여 소로를 거치고 종국에는 잘 닦여진 고속도로를 달린다고 할 때 말년으로 갈수록 운세가 점점 좋아진다고 말할 수 있다. 그 반대도 있다. 말년 운이 좋지 않은 것이다.

읽는 순서는 오른 쪽에서 왼쪽으로 읽어 간다. 한글의 가로쓰기처럼 왼쪽에서 오른쪽으로 읽어 간다면 시→일→월→년이 되지만 그 반대로 읽어야 된다. 오른쪽에서 왼쪽으로 연월일시 이런 식으로 읽어가는데 운세도 마찬가지다.

위의 명조를 예로 든다면 경신년庚申 경진월庚辰 계축일癸丑 무오시戊午에 태어난 사람이 기묘己卯 무인戊寅 정축丁丑 병자丙子 을해乙亥 운으로 살아간다고 말할 수 있다. 오른쪽에서 왼쪽으로 쓰고 읽는 것은 한문의 세로쓰기에서 비롯된 것이다.

2. 운명론의 몇 가지 간단한 공식

간합 | 天干의 合

甲 + 己 → 土
乙 + 庚 → 金
丙 + 辛 → 水
丁 + 壬 → 木
戊 + 癸 → 火

위의 공식처럼 천간 중 두개의 기운이 나란히 있으면 하나의 기운을 띠게 된다. 천간합天干合의 특징을 보자. 음간과 양간의 결합이다. 음간과 음간, 양간과 양간 사이의 합은 이루어지지 않는다.

갑경병임무甲庚丙壬戊는 양이고, 이에 대응하는 기을신정계己乙辛丁癸는 음이다. 이를 세로로 읽으면 왼쪽은 갑을병정무가 배치되어 있고 다음 세로줄은 기경신임계 순으로 놓여 있다. 〈백년의 기상예측(중명출판사 간)〉

의 '천간합의 물리적 해석'에서 장동순 충남대 교수는 다음과 같이 설명한다. 갑기甲己가 합하여 토기운을 띤다는 것은 갑의 진취적인 기운이 기토己土에 작용함으로써 활기차고 생명력있는 토土로 전환하는 것을 의미한다. 봄날에 천지에 충만한 목기운이 땅에 새싹을 나오게 하는 것과 같다.

을경화합금乙庚化合金은 긴장시키고, 결정을 유도하는 금기운이 을목에 작용함으로써 을목의 표면이 단단한 각질을 생성케하는 것인데, 가을날 찬바람이 나무의 생장을 멈추게 하고 표면에 단단한 각질을 만들어 겨울을 준비하게 한다.

병신화합수丙辛化合水는 넓은 지역에 미치는 해의 열기가 바위, 금속과 같은 신금에 활성화 에너지를 제공하여 바위 안에 산화반응을 촉진시키고 순수한 물을 만들어 내는 것과 같다.

정임화합목丁壬化合木은 화롯불이나 용광로와 같은 뜨거운 불이 수분이 가득한 운무와 같은 기운이 만난 것인데, 하늘로 상승하는 아지랑이와 같이 추진력이 강한 목기운이 생겨난다.

무계화합화戊癸化合火는 무토는 외부로부터 조여오는 힘이고, 계수는 그 안에서 양토인 무戊에 순응하여 물은 처음에 압축이 일어나다가 반작용으로 폭발하는 화기운으로 변화하는 것이다.

갑기화합토는 중정지합中正之合, 을경화합금은 인의지합仁義之合, 병신화합수는 위엄지합威嚴之合, 정임화합목은 인수지합仁壽之合, 무계화합화는 무정지합無情之合이라하여 운명상의 여러 특징을 설명하고 있다. 가령 한 명리학 책에 따르면 무계합화가 있을 경우, "용모는 아름다우나 박정하고 남자는 평생 정식 결혼하지 않은자가 많으며, 여자는 미남과 결혼한다는 암시가 있다"고 말한다. 하지만 이를 그대로 적용하기에는 무리가 많이 따르므로 명리학 서적에서 나오는 간합에 대한 각종 서술을 풍부히 참고하고 실제 어떻게 작용하는지를 살필 따름이다.

삼합 방합 육합

삼합 三合

12지지 중 세개가 결합하여 강한 에너지 군을 형성한다.

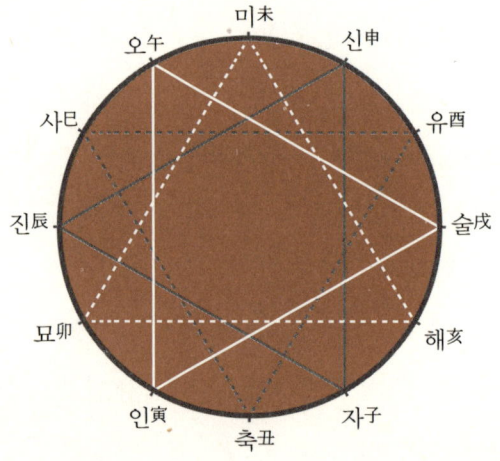

신자진申子辰이 합하여 수기운으로 드러난다.
사유축巳酉丑이 합하여 금기운으로 드러난다.
인오술寅午戌이 합하여 화기운으로 드러난다.
해묘미亥卯未가 합하여 목기운으로 드러난다.

네개의 합을 보면 합하는 패턴이 같다. 우선 인신사해寅申巳亥 즉 사계가 시작되는 첫달의 지지가 나오고, 다음은 자오묘유子午卯酉로 계절이 만개했을 때의 지지가 나오며, 마지막으로 진술축미辰戌丑未 토기운의 지지가 배치된다. 신자진申子辰, 사유축巳酉丑 이런 식으로 세개가 사주상에 나오면 완전한 합으로 수국水局, 금국金局을 이룬다.

만일 신자申子 혹은 자진子辰, 신진申辰 또는 사유巳酉, 유축酉丑, 사축巳丑 등 세개의 지지 중 두개가 나오면 반합半합이라 부른다. 이 합들은 그 자체로 명리학상의 운명적 암시가 있는 것은 아니고 다른 간합들과의 관계 속에서 의미를 갖는다.

병합 方合

삼합에는 위와 같은 삼합이 있는가 하면 방합方合이 있다. 이는 방위方位가 같은 지지들끼리 모여 자아내는 에너지이다.

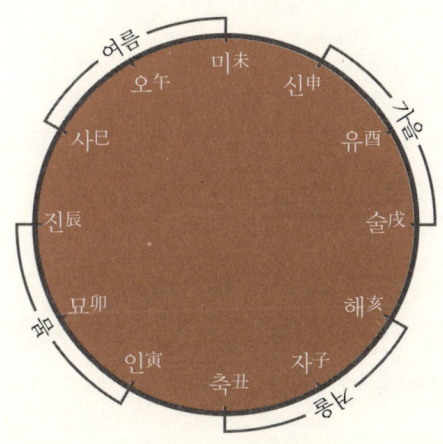

인묘진寅卯辰 : 강한 목기운을 형성한다.
사오미巳午未 : 강한 화기운을 형성한다.
신유술申酉戌 : 강한 금기운을 형성한다.
해자축亥子丑 : 강한 수기운을 형성한다.

六合

지지 사이에 합하는 기운이 있는데 그 중 하나가 여섯 개의 합이다.

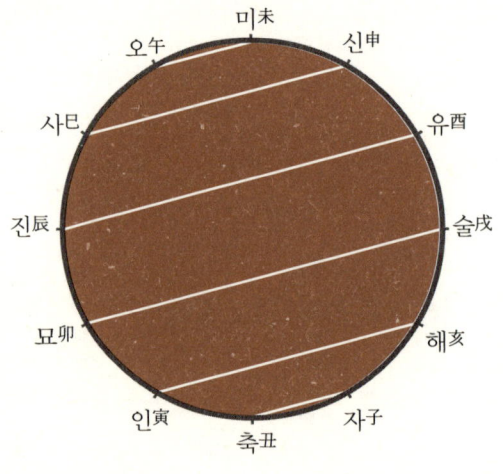

자 + 축 = 토   진 + 유 = 금
인 + 해 = 목   사 + 신 = 수
묘 + 술 = 화   오 + 미

여섯 개의 합 중 마지막 오미 합은 에너지가 합하기는 하지만 다른 기운으로 변화하지는 않는다. 이 육합 또한 삼합과 마찬가지로 그 자체로 운명적인 암시를 갖는 것은 아니고 다른 간지와의 관계속에서만 의미를 갖는다. 사주상에 지지의 삼합 방합 육합 등이 많이 등장했을 경우, 지지상에 특정 오행을 강화시켜 주기도 하지만 '다정多情이 병病'이란 속설이 운명적으로 작용할 수 있다.

합이 많으면 다정다감하지만 끊고 맺는 게 불분명하여 답답한 상황에 처해지는 경우들이 많다. 합이 많으면 사업, 정치, 남녀 관계등 다양한 분야에서 불분명한 태도를 취해 약점으로 작용하는 경우가 많다.

각종 부딪침 | 형 충 파 해 원진

음양론에는 기운끼리 합치는 경우와 부딪히는 경우가 있다. 이를 정리한 것이 형충파해론이다.

형충파해 해설

《충沖》

충沖은 상충하다, 찌르다 라는 뜻이다. 충돌한다고 연상하면 좋다. 이 충은 지지의 에너지가 정면으로 부딪히는 것이다. 반면 형살이나 원진살은 부딪히고 꼬이는 것으로 부부관계에 비추어 보면 충은 와장창 싸우고 이혼하는 것인데 비해 형살이나 원진살이 있게 되면 사이가 나빠 아주 꼬인 상태로 이혼하는 형국이다. 여섯 개의 충은 다음과 같다.

충은 충돌, 재해, 소송, 이별, 분란 등 부정적인 의미를 갖지만 변화, 새로운 계기, 반전, 역동성, 발랄, 민감함 등 긍정적인 의미도 내포한다.

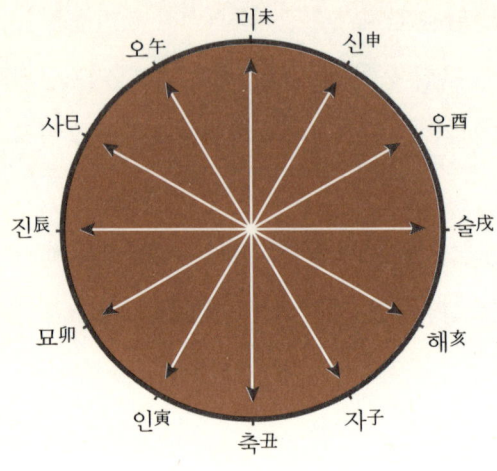

자↔오 : 충	묘↔유 : 충
축↔미 : 충	진↔술 : 충
인↔신 : 충	사↔해 : 충

　이러한 중의적重意的 내용은 사주상에 충이 어떻게 배치되어 있고 다른 개념들과 어떻게 연결되는 지를 보고 판단할 수 있다.

《형刑》

　형刑은 형벌, 벌하다, 제어하다, 다스리다는 뜻이다. 형살에는 네가지 유형의 형살이 있다. 우선 인사신형寅巳申刑으로 이를 지세지형持勢之刑이라고 한다. 사주에 형이 있는 경우 권세를 얻기도 하고, 과욕을 부려 곤경에 빠지기도 한다. 인이 사를, 사가 신을, 신이 인을 보는 것으로 인→사, 사→신, 신→인 이렇게 이해할 수 있다.

다음은 축술미丑戌未형으로 축→술, 술→미, 미→축으로 이해할 수 있는데, 이 형이 여자에게 있을 경우 유산하거나 수술하여 아이를 낳을 수 있다. 자묘子卯형으로 이를 상형相刑이라 부른다. 진진辰辰, 오오午午, 유유酉酉, 해해亥亥형으로 자형自刑이라 부른다.

《파破》

파破는 깨뜨리다, 무너지다, 망치다, 쪼개지다라는 뜻으로 충이나 형에 비해 강도가 낮지만 대체로 인생에 금이 가 있는 형국을 말한다.

이런 살을 갖고 있을 경우, 부모의 유업을 없앤다든지 이별하기도 하고 자식과 인연이 박하기도 하는 등 인생살이의 험로가 기다릴 수 있다.

자-유, 축-진, 인-해, 묘-오, 사-신, 술-미 여섯개이다. 표상에서 살펴보면 두개의 지지를 건너 뛰면서 형성되는 형살刑殺이다.

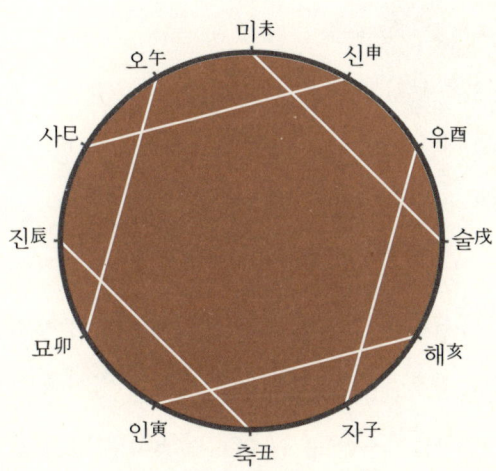

《해害》

해害는 해하다, 꺼리다, 시기하다, 방해하다 등의 의미이다. 형충파刑沖破보다는 작용력이 덜하며 위에서 언급한 정도 험로險路가 있다. 자-미, 축-오, 인-사, 묘-진, 신-해, 유-술 여섯개다.

《원진怨嗔》

원怨은 원망하다 미워하다는 뜻이고 진嗔은 부릅뜨다, 성내다라는 뜻이다. 부부가 결혼하기 전에는 사이가 좋아도 어느새 미워하게 되어 고통스러운 경우가 많다. 종국에는 이혼하거나 별거하기도 한다.

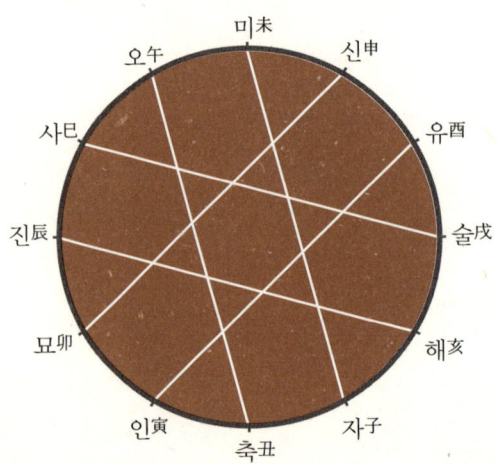

이것은 미움, 이별, 이혼, 꺼림 등을 의미한다. 가령 생시에 원진이 있으면 자식과의 관계가 원만치 않은 경우가 있다. 충되는 지지와 다 비껴나 있다. 부딪쳐 깨지는 것이 아니고 비틀어져 있는 관계다. 살면서 자기도 모르게 소통이 되지 않고 아무리 설명하여도 상대가 잘 이해하지 못하는 것

만큼 답답한 것이 없다. 만일 자신이 그렇다면 팔자가 그런 것으로 이해해도 하나의 해결책일 수 있다.

살면서 노력으로 이루어지지 않는 것도 많다. 더구나 가까운 인간관계가 어그러지면 이것만큼 힘든 일이 없다. 이럴 경우 따로 사는 것도 하나의 방법이다. 따로 멀리 또 함께.

짝이 없음 | 공망 空亡

공망空亡은 비어 없어지는 살이다. 합과 충 형 충 파 해 등의 살과는 약간 다른 독특한 의미를 지닌다.

언제나 공망을 따지는 기준은 일주日柱다. 앞서 갑자 을축으로 시작하여 임술 계해로 끝나는 60갑자를 익혔다. 여기서 천간은 10개이고, 지지는 12개인 까닭에 마지막 지지 두개는 늘 짝이 없어 다음 순旬으로 밀린다. 갑자순의 공망은 술해이고 갑술순의 공망은 신유이다.

공망 조건표									공망
甲子	乙丑	丙寅	丁卯	戊辰	己巳	庚午	辛未	壬申	癸酉	戌亥
甲戌	乙亥	丙子	丁丑	戊寅	己卯	庚辰	辛巳	壬午	癸未	申酉
甲申	乙酉	丙戌	丁亥	戊子	己丑	庚寅	辛卯	壬辰	癸巳	午未
甲午	乙未	丙申	丁酉	戊戌	己亥	庚子	辛丑	壬寅	癸卯	辰巳
甲辰	乙巳	丙午	丁未	戊申	己酉	庚戌	辛亥	壬子	癸丑	寅卯
甲寅	乙卯	丙辰	丁巳	戊午	己未	庚申	辛酉	壬戌	癸亥	子丑

여러가지 살 | 양인살 괴강살 화개살 역마살 도화살

양인살 羊刃殺

양인살은 양의 뼈와 살을 칼날로 발라내듯이 강렬하고 날카로운 살이다. 이 살을 가진 사주가 특수한 구조로 좋게 짜여질 때는 생사여탈권을 가진 권력자가 된다. 한편 이 살이 있게 되면 고집스럽고 완고하며 시비 쟁투에 말려들 가능성이 높다. 이 과정에서 자신도 상한다. 이런 살을 가진 사람들은 노자가 말한 유능제강柔能制剛을 떠올리기 바란다. 부드러운 것이 강한 것을 능히 이긴다. 노자는 〈도덕경〉에서 세상에 부드럽고 약하기로 물만한 것이 없지만 물은 모든 강한 것을 능히 제압한다고 하였다. 막 생겨난 것은 부드럽고 연하지만 죽음에 이른 것은 굳고 강하다. 막 태어난 어린 아이나 막 자라기 시작한 새순은 연하고 부드럽다.

그러나 어린이와 새순이 낡은 것들을 제치고 시대의 주인이 되어 간다. 중국의 속담 장강후랑최전랑長江後浪催前浪처럼 장강의 뒤 물결이 앞 물결을 밀어내듯이 새것이 낡은 것을 밀어내는데 새것은 부드럽고 약하고 우아하지만 시대의 주인이 된다. 양인살이 있는 사람들은 가능한한 시시비비를 엄격히 하려고 애쓰지 말라. 같은 내용일지라도 양인살이 있는 사람이 지적할 때는 굉장한 반발을 불러오고 진의가 왜곡되는 경우가 있다.

가령 병일간丙日干인 사람이 오午를 보게 되면 양인살을 가졌다. 임일간인 사람이 자子를 갖게 되면 마찬가지로 양인살이다. 이 살은 양일陽日 즉, 갑병무경임甲丙戊庚壬일생이 음일陰日 즉, 을정기신계乙丁己辛癸일생보다 작용력이 더 강하다. 넘치는 것은 부족함만 못하다는 역학의 입장을 반영하는 판단이다. 다른 여덟 개의 천간은 대개 자신의 뿌리 가령 갑의 경우 인寅 다음 지지인 묘卯가 양인살이다. 이런 방식으로 을은 진, 병은 오가 양인이 되는데 무戊와 기己 는 병정丙丁과 같이 오미午未가 양인이 된다.

양인살									
일간	甲	乙	丙	丁	戊	己	庚	辛	壬	癸
양인	卯	辰	午	未	午	未	酉	戌	子	丑

괴강살 魁罡殺

《경진庚辰 경술庚戌 임진壬辰 임술壬戌》

괴魁는 괴수 우두머리 근본이다. 강은 북두성 별이름이다. 괴강살은 60갑자 중 진辰, 술戌이 들어간 경진庚辰, 경술庚戌, 임진壬辰, 임술壬戌 등의 간지를 가진 사주인데 일주가 괴강일 경우는 그 작용력이 매우 강하다. 괴강 사주는 대부大富, 대귀大貴, 영웅, 대철학자, 총명 등 걸출한 인물일 가능성과 단명, 비명횡사, 재앙등 극단적인 불행이 따를 가능성이 있다. 극과 극은 통한다. 남자의 경우 괴강이 있으면 정직하고 청렴결백하며 이론에 능하고 똑똑하며 뱃심이 좋고 담대하여 모험을 좋아하고 달변이다.

여자의 경우 팔자가 세고 성격이 강해 꺼려한다고 되어있으나 여성이 다방면으로 진출해 있는 현대사회에서 개성있고 매력있는 커리어 우먼으로 성공할 수 있다. 이런 사주는 성공하여도 외롭다. 자연은 성공과 행복 안락을 동시에 주기는 쉽지 않다. 성공한 경우라도 자신의 내면을 공유하기에 좋은 친구가 없어 인생의 즐거움이 반감되는 사례가 많다.

역마살 도화살 화개살 驛馬殺 桃花殺 華蓋殺

도화살은 이성을 끄는 매력, 끼, 섹시함이다. 눈에 아른거리는 분홍색 복숭아꽃과 같은 매력을 일컫는다. 눈에 보이는 매력이 어떤 매력보다 먼저인 듯 보인다. 도화살은 눈에 보이는 것 뿐아니라 소리, 냄새, 맛 등 매력적인 모든 것을 대표하고 있지만 욕망은 보는 것으로부터 제일 먼저 생기는가 보다.

그래서인지 불교에서도 안이비설신의眼耳鼻舌身意를 통해 색성향미촉법色聲香味觸法을 느낀다고 하여 색에 대한 욕망을 제일 첫째로 놓았다. 현대는 비쥬얼의 시대이자 욕망의 시대가 되었다. 모든 티브이와 인터넷과 모바일에 등장하는 것들은 매력적인 것들로 휘황하다. 매력적인 사람들로 넘쳐나며 끊임없이 새것으로 대체된다.

현대는 매력적인 사람들이 중심인 시대가 되었다. 신과 법과 위엄, 도덕과 윤리는 과거의 것이 되었고 매력적인 빛, 소리, 냄새, 맛이 지배하는 시대가 된 것이다. 도화살은 경계해야 할 것이 아니고 누구나 선호하는 보배가 되었다.

다음으로 역마살이라면 고단한 인생을 대표하는 표현이다. 소설가 김동리는 '역마'라는 소설을 통해 정착하지 못하고 끊임없이 돌아다니는 인생살이를 소재로 삼았다. 이처럼 농업이 주였던 농촌공동체에서 역마는 어딘가에 뿌리박지 못하는 떠돌이 인생을 상징하였다. 하지만 현대의 역마는 다양한 나라를 대상으로 사업하고 여행하는 부러움의 상징일 수 있다. 지금은 수많은 사람들이 외국을 제집 드나들듯이 오가는 역마의 시대다. 역마 속에 기회와 즐거움과 새로움이 깃들어 있으며 새로운 네트웍의 추진력이 생기고 있다. 변화를 즐기고 변화가 몸에 밴 사람들이란 혁명가이거나 개혁가다.

화개살은 성찰, 숙고, 철학, 문장을 의미한다. 낮도 아니고 밤도 아닌 어스름한 저녁 같은 기운이다. 저녁 무렵이면 빛과 어둠이 혼재하고 삶과 죽음이 혼재한다. 어스름 속에서 인간은 온갖 상념을 전개하기 시작하여 온갖 사유와 표현이 되살아난다.

역동성과 눈을 끄는 화려함이 있어도 존재에 대한 깊은 성찰을 동반하지 않으면 그 가치가 완전하게 드러나지는 않는다. 그러므로 화개살은 도화살과 역마살을 더욱 그것답게 만든다. 화개살이 있으면 고집이 세고 강직하며 길吉할 경우에는 문무를 겸한다. 또 문장이나 예술에 능하다.

도화, 역마, 화개, 장성은 생년과 생일을 기준으로 한다.

도화살은 다음과 같다.							
申子辰生	酉	巳酉丑生	午	寅午戌生	卯	亥卯未生	子
역마살은 다음과 같다.							
申子辰生	寅	巳酉丑生	亥	寅午戌生	申	亥卯未生	巳
화개살은 다음과 같다.							
申子辰生	辰	巳酉丑生	丑	寅午戌生	戌	亥卯未生	未

3

육신론 운명의 매트릭스

음양오행과 육신론

　육신론은 명리이론의 꽃이다. 음양오행 합충론이 산수라면 육신론은 수학이다. 모든 음양오행 십간십이지 합충은 오직 육신론과 연결될 때 그 빛과 어둠을 드러낸다. 모든 소로와 샛길이 사거리와 대로로 모였다가 다시 갈라지듯이 모든 명리학의 공식은 육신론으로 모아져 한 사주의 진가를 측정한다.

　육신론에는 부자, 부부, 형제관계, 상하관계가 담겨있으며 이로써 돈, 승진, 직업적 특성, 성격, 남녀의 인연, 은인 여부 등 인연의 고리들을 탐사할 수 있다. 장점과 단점이 드러나는가 하면 시간의 흐름에 따라 변하는 인생여정이 그려져 있다. 그러므로 육신론은 명리이론의 종착점이고 출발점이다. 모든 음양이론은 육신론을 설명하는 기초이고 육신들 사이에 존재하는 상호영향과 긴장관계를 밝히는 것이 사주풀이다.

육신에 관계되는 용어에는 비견比肩, 겁재劫財, 식신食神, 상관傷官, 편재偏財, 정재正財, 편관偏官, 정관正官, 편인偏印, 정인正印 10종이 있다. 비견 겁재는 주인인 일간과 같은 오행이고 인수와 편인을 인성, 편재와 정재를 재성으로 통합해 부른다. 비견과 겁재를 제외하고 식신, 상관, 재성, 편관, 정관, 인수를 여섯 개의 별, 즉 육신六神이라 부른다.

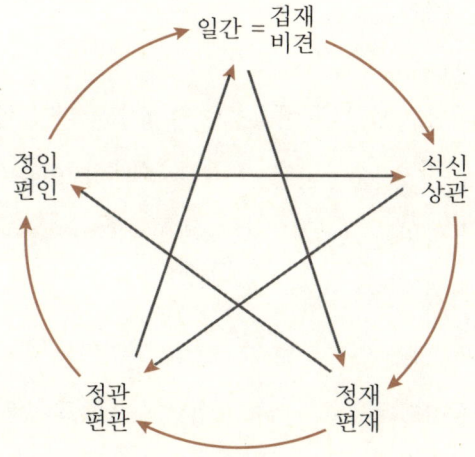

'일간과 오행이 같은 육신' 중 양을 비견比肩, 음을 겁재劫財라고 부른다. 비견比肩은 어깨를 맞대고 있다는 의미로 형제를 의미한다. 겁재劫財는 재물을 겁탈해 간다는 의미이다.

다음으로 식신食神, 상관傷官은 '일간이 생하는 간지'이다. 식신은 일간이 생하는 간지 중 일간과 음양이 같은 간지이고, 상관은 일간과 음양이 다른 간지이다. 식신은 한문으로 '먹거리의 신'이라는 의미를 지녔는데 이는 재물의 별(재성)을 돕기 때문이다. 상관은 '관을 상하게 한다'는 의미로 정확

히는 정관을 상하게 한다.

 일간이 극하면서 식신 상관이 생하는 간지는 정재와 편재다. 일간과 같은 오행을 가진 재물을 편재라 하고, 다른 오행을 가진 재물을 정재라고 한다. 여기서 편재는 기울어진 재성이다. 정재는 올바른 재성이다.

 재성이 생하고 일간을 극하는 육신은 관살이다. 관은 정관이고 살은 편관이다. 정관과 편관을 합쳐 관성이라 부르는데 작용력이 다르다.

 관살이 생하면서 일간을 생하는 육신은 인수다. 이중 일간과 오행이 같은 것을 편인, 다른 것을 정인이라고 부른다. 여기서도 편과 정은 관성 재성에서와 마찬가지로 편은 치우친 것, 정은 바른 것이라는 의미다. 인수印綬에서 인印은 관리의 관직이나 작위를 표시하는 도장이고 수綬는 도장에 맨 30cm정도의 끈이었다. 관직에 취임하면 인수를 차고 다녀 관직의 높고 낮음을 나타냈다. 그래서 과거에는 인수를 마치 자신의 먹거리를 챙겨주는 어머니와 같은 존재로 생각하여 일간(즉 나)을 생하는 것으로 그 명칭을 붙였다. 그 중에서 일간과 음양이 같아 치우친 인수를 편인, 음양이 다른 것을 정인이라고 불렀다. 즉 정인은 어머니이다.

 육신과 관련된 용어 중 겁재劫財, 상관傷官, 편재偏財, 편관偏官, 편인偏印 등은 얼핏 느끼기에도 아주 좋은 이름은 아니다. 겁재는 재물을 겁탈하고, 상관은 관을 상하게 한다는 뜻을 가졌다. 편재는 치우친 재물이고, 편관은 치우친 관이며 편인은 치우친 인수다.

 이런 육신들은 원론적으로는 이러한 의미와 작용력을 가졌지만 사주팔자를 판단할 경우에는 반드시 기계적으로 적용되는 것은 아니다. 다만 이런 종류의 육신은 대체로 이런 정도의 기운을 가지고 있다는 것 정도로 이해하면 좋다. 반면 비견比肩, 식신食神, 정재正財, 정관正官, 정인正印 등의 육신은 '먹거리의 신' '바른 재물' '바른 관' 등으로 긍정적인 뉘앙스를 준다. 위의 설명과 마찬가지로 대개는 긍정적인 의미를 갖고 있으나 실제 적용 시에는 다양한 관계 속에서 판단해야 한다.

만일 일간이 갑甲이라면,
오행이 같은데 갑은 양이므로 비견, 을은 음이므로 겁재다.
병은 일간이 생하고 양이므로 식신, 정은 일간이 생하고 음이므로 상관이다.
무는 일간이 극하고 양이므로 편재, 기는 일간이 극하고 음이므로 정재이다.
경은 일간을 극하고 양이므로 편관, 신은 일간을 극하고 음이므로 정관이다.
임은 일간을 생하고 양이므로 편인, 계는 일간을 생하고 음이므로 정인이다.

이를 표를 통해 이해하면 다음과 같다.

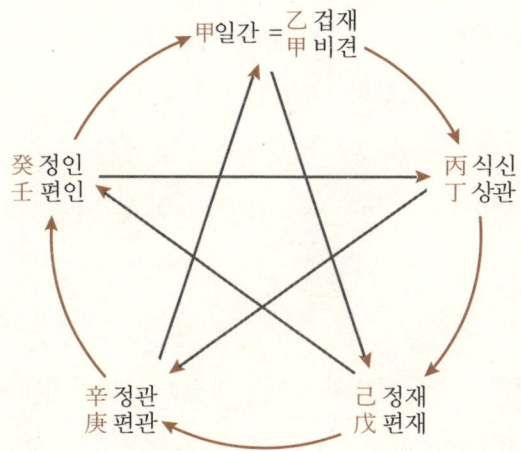

만일 일간이 병丙이면 병은 비견, 정은 겁재, 무는 식신, 기는 상관, 경은 편재, 신은 정재, 임은 편관, 계는 정관, 갑은 편인, 을은 정인이다.

위의 관계에서 다음과 같은 설명이 가능하다.

비견과 겁재는 식신과 상관을 생하고, 식신과 상관은 편재와 정재를 생한다. 편재와 정재는 편관과 정관을 생하고, 편관과 정관은 편인과 정인을 생한다. 다시 편인과 정인은 비견과 겁재를 생한다.

비견과 겁재는 편재와 정재를 극하고, 편재와 정재는 편인과 정인을 극한다. 편인과 정인은 식신과 상관을 극하고, 식신과 상관은 편관과 정관을 극한다. 다시 편관와 정관은 비견과 겁재를 극한다.

역으로 식신과 상관은 비견과 겁재에 의해서 생하고, 편인과 정인에 의해 제약된다고 할 수 있다.

음양오행과 육친론

육친론이란 육신론 중 가족관계에 한정하여 기술한 것으로 비견, 겁재, 식신, 상관 등으로 부모, 형제, 자식과의 관계를 표현한다. 과거 대가족제도를 유지하고 있었던 남성 중심의 농촌사회에서 가족관계는 모든 삶의 기반이었다. 특히 사회적 지위가 낮았던 여성들에게 대가족제도는 행 불행의 씨앗이었고 삶의 전부였다.

할아버지, 할머니, 아버지, 어머니, 시아버지, 시어머니, 형제와 시누이 등 심지어는 본부인과 첩, 그 자식들이 함께 살기도 했던 당시의 가족제도는 누구에게나 운명의 사슬처럼 온갖 사연과 사건의 실마리였다. 그래서 현재까지 모든 명리학 책은 육친론에 대한 해설에 많은 부분을 할애하고 있다. 하지만 지금은 대가족을 유지하는 가정은 거의 없어졌고 심지어는 1인 가정의 비중이 더욱 늘어나는 실정이다. 따라서 육친론 중 부부, 부자, 부녀관계 정도로 한정하는 것도 좋다.

육신의 명리학적 의미

일간 日干

일간日干은 사주의 주인이다. 만일 어떤 사람의 사주에서 일간이 갑이라면 일단 그 사람은 갑의 특징을 갖고 태어난다. 즉 곧고 눈에 띠는 사람이다. 만일 정丁이라면 정의 특징을 갖게 된다. 천간이 10개이므로 사람을 10개의 유형으로 나눌 수 있다. 누구나 일간이 갑을병정무기경신임계 甲乙丙丁戊己庚辛壬癸 중 하나이다. 열 개 천간의 특징을 논하는 것을 십간론이라고 부른다.

십간중 갑병무경임은 양간이고 을정기신계는 음간인데 남자는 양간이 좋고, 여자는 음간이 좋다. 이렇게 일간을 찾으면 일간이 강한지 약한지를 살핀다. 나를 생하는 인수나 나와 같은 오행인 비견 겁재가 많으면 일간의 기운이 강하다고 말한다. 반면 식신 상관이나 편재 정재 편관 정관이 많으면 일간의 기운이 약해진다. 일간의 기운이 강한 것을 신강身强이라 하고 약한 것을 신약身弱이라고 부른다. 사주를 뽑아놓고 가장 우선적으로 확인하는 것이 신강인지 신약인지를 확인하는 것이다. 다음으로 병약 조후 전왕, 통관 등의 개념이 이어진다.

비견 比肩

비견이란 일간과 오행이 같고 음양이 같은 것을 의미한다. 가령 갑이 일간이라면 갑과 인이다. 어깨를 겨루고 있다는 의미이다. 외적에 맞서거나 큰 일을 도모할 때 형제 자매는 전우요 동지다. 또 내가 취약하여 형제 자매의 도움을 받을 때는 좋다.

하지만 커다란 재산과 권력을 갖고 있는 가문에서 형제 자매는 치열한 경쟁자. 사주상에 관살이 강력한데 일간이 취약하면 비견은 길신이다. 반면 재성이 취약한데 비견이 많으면 얼마되지 않는 재산을 갖고 싸우는 격이 된다. 그러므로 이런 경우에는 비견이 좋은 의미로 작용하지 않는다.

겁재 刦財

재물을 탈취해 가는 육신으로 부정적인 의미를 갖고 있다. 겁재는 일간이 가장 필요한 정재(안정된 재물)에게 살殺로 작용한다. 정재는 일간이 지배하는 육신으로 일간과 음양을 달리한다. 만일 일간이 갑甲이라면 겁재는 을乙이 되는 셈이다. 일간과 음양이 같은 비견의 경우, 정재를 지배하지만 음양이 다른 관계로, 음양이 같은 겁재에 비해 작용력이 약하다고 볼 수 있다. 싸움에서 남남간, 여여간 싸움은 치열하지만 남녀간의 싸움은 적당한 선에서 끝내고 마는 것과 같은 이치이다.

원론적으로는 좋지 않은 이미지를 나타내는 용어이지만 일간이 신약한 경우에는 좋은 작용을 하기도 한다. 이는 취약한 일간을 보호해주어 사주상에 좋은 영향을 미치기 때문이다. 그러므로 사주팔자의 종합적인 상황을 고려하여 판단할 일이다.

식신 食神

이미 설명한대로 먹거리의 신이다. 일간이 생生해주는 간지로서 일간과 음양이 같다. 가령 일간이 갑甲이라면 식신은 병丙이 된다. 식신은 복신福神이라고도 부른다. 이는 정재를 생해주기 때문이다. 예나 지금이나 재물과 돈은 모두가 원하는 것인가 보다. 그래서인지 부귀富貴라는 말에서도 보면 귀한 것보다 부한 것을 먼저 놓았다. 자본주의에 이르러서는 돈이 사회의 주인이 되었다. 돈에 대한 욕망이 과도한 나머지 모든 가치(평화, 인권, 배려 등)를 삼켜버린 상황이다.

일간이 제약하면서 음양이 다른 것은 정재(안정된 재물), 음양이 같은 것은 편재(치우친 재물)인데, 그러한 정재를 살려주는(생하는) 육신이 식신이다. 정재의 입장에서는 식신이 정인 즉 어머니가 된다. 그러므로 식신을 귀하게 여긴다. 더구나 식신은 일간을 지배하는 편관을 지배함으로써 나의 재난을 막아주는 구실을 한다. 게다가 일간이 치나치게 왕성할 경우 일간의 뭉쳐있는 기운을 누출시켜 편안하게 만드는 구실도 한다.

역학에서는 늘 지나친 것을 경계한다. 일간에 과도하게 에너지가 몰려있는 것도 좋지 않다. 역발산기개세力拔山氣蓋世! '힘이 좋아 산을 뽑고 그 기운이 세상을 덮었던' 중국의 진나라 말기 초패왕 항우가 군사적 용맹이 지나친 나머지 정치적 고려가 부족하게 되어, 급기야는 지속적으로 군사적 열세에 놓였던 유방(한나라 고조)에게 패하게 되는 고사처럼, 지나침은 언제나 재앙의 씨앗이 된다. 이런 의미에서 신강사주에 식신은 아주 좋은 수복신壽福神이다.

상관 傷官

관을 상하게 하는 육신이다. 상관은 정관을 제압한다. 정관은 일간의 일자리(예전에는 관록)를 관장한다. 만일 일간이 갑甲이라면 상관은 정丁인데, 상관 정丁은 갑의 정관 신辛을 극한다. 전근대 사회에서 벼슬은 먹거리와 명예의 근간이었다. 과거 급제하여 왕으로부터 보장된 관은 사회적 진출의 최상위 통로였다. 이를 사주상으로는 정관으로 불렀다.

그러므로 정관의 입장에서 자신을 지배하는 상관은 그리 반가운 것이 아니었다. 사람이 살아가면서 몸이 성하고 지나치게 약하지 않으면(즉 신약身弱하지 않으면) 돈(재)과 일(관)이 절실히 필요한 것인데 이를 관장하는 육신은 정재와 정관이 된다.

전근대 사회 즉 농업사회에는 직업(일자리)의 수가 많지 않았다. 하지만 산업사회를 거쳐 지식정보화 사회로 진입한 현대는 다종다양한 직업이 나타났고 향후 더욱 세분화될 전망이다. 일인당 국민소득 2만달러가 넘어선 한국의 경우 약 2만종류의 직업이 있는 것으로 조사되어 있다. 일인당 국민소득 4만불이 넘어선 미국의 경우 약 4만개 이상의 일자리가 있는 것으로 발표되고 있다. 사회가 다양해질수록 직업의 수가 더욱 늘어나리라는 전망이 가능하다. 그러므로 명리학적인 의미에서도 직업의 동향을 가늠해 볼 수 있는 방법이 더욱 진화될 것은 분명하다.

역학적 관점에서 상관은 부정적인 의미를 띠고 있지만 정작 개별사주를 분석하는 과정에서는 다른 육신과 함께 종합적이고 전체적인 맥락 속에서 이해하는 것이 바람직하다.

편재 偏財

편재는 치우쳐있는 재물이다. 일간이 극하는 간지 중 음양이 같은 것을 의미한다. 가령 일간이 갑이라면 편재는 무戊가 된다. 치우쳐 있다는 것은 한편으로 크게 움직인다는 의미이기도 하다. 주식이나 선물, 혹은 특이한 아이템으로 거부가 된 경우, 편재라는 개념으로 설명할 수 있다. 이런 점에서 보면 편재는 현대에 오히려 부각되는 개념이다.

정재가 규칙적이고 일상적이며 안정적으로 들어오는 수입을 의미한다면 편재는 불규칙적이고 예측 불가능하고 어쩌면 행운과 같은 수입으로 해석할 수 있다. 또 다른 면에서 정재는 안정적이어서 위험으로부터 안전한 반면 편재는 위험을 부담해야 하는 측면이 강하다. 모든 큰 재물에는 유동성이 강하고 커다란 위험을 수반한다. 하지만 대개 일반인들이 다루기에는 위험성이 높아서 손재損財로 이어질 수 있다.

정재 正財

바른 재물이다. 누구나 일상의 삶을 유지하기 위해서 요구되는 재물이다. 규칙적이고 안정된 재물은 적더라도 이것이 지속되면 큰 부와 연결된다. 일간이 갑甲이라면 기己가 정재가 된다. 돈을 버는 방법 중 '벌어서 적게 쓰는 것'이란 말이 있다. 일종의 지속적인 저축을 의미한다. 똑똑 떨어지는 물 한방울이 끝내는 바위를 뚫듯이 푼돈이 모아져 큰 돈이 되는 이치다.

정재든 편재든 관성에게는 인수가 된다. 재생관財生官이라는 말을 들어본 적이 있을 것이다. 재가 관을 낳는다라는 말인데 정치를 하든 고위 관료를 하든 돈은 필수적이다. 정치인이 돈을 만드는 능력은 필요하다.

노무현 전 대통령처럼 노사모를 조직하여 돈을 모으거나, 모의원처럼 자신의 부를 정치에 동원하거나 돈이 정치의 모든 것은 아니지만 필요조건이다. 사법고시나 행정고시를 준비하기 위해서라도 수년간 공부에 집중해야 하는 시간이 필요하다. 이를 밑받침해주는 것은 물론 본인의 의지가 우선이고 다음으로는 이를 지원할 수 있는 부모 혹은 자신의 재력이다. 로스쿨 제도로 바뀐 향후의 법관, 행정요원 양성제도 하에서 재력은 더욱 중요하게 작용할 것이다.

편관 偏官

편관은 칠살七殺이라고도 하여 줄여서 살殺이라고 부른다. 관을 살이라고 부르는 이유는 일간을 같은 음양으로 지배한다는 의미로 강한 이미지를 갖고 있다. 가령 일간이 갑이라면 경이 편관이 된다. 일간을 극한다 하더라도 음양이 달라 기준을 정하고 원칙을 준수한다는 긍정적인 의미를 가진 정관과 대비된다.

편관은 치우친 관이라는 의미로 큰 바람과 같다고 할 수 있다. 요즈음으로 말하면 관은 관이되 선출직 관이라고 할 수 있다. 대통령, 시장, 군수 등은 장관이나 국무총리와 달리 독자적인 행정조직을 짤 수 있는 독립성을 갖고 있다는 점에서 정관보다는 훨씬 정치적인 의미를 지닌다. 그래서 부침이 심하고 권력을 갖게 되는 과정도 훨씬 역동적이다.

편관이 많으면 오히려 인생의 곤경과 난관이 많고 송사나 다툼이 빈번할 수 있어 꺼리는 육신이 된다. 그러나 사주상에 그 간지가 적당하고 다른 육신과의 관계가 잘 짜여있을 경우는 막강한 권력을 행사한다. 여성의 경우 편관이 많은 경우는 뭇 남성과의 인연이 많아 편안한 인생을 영위하기는 쉽지 않다.

정관 正官

정관은 일간을 극하는 관이지만 일간과 음양이 달라 정관이라 불렀다. 누구나 삶의 기준과 나를 안내하는 사람이 있다면 기쁜 일이다. 아무런 규제도 없이 법도도 없이 살아간다면 자유로울수 있지만 지나친 분방함에 빠져들 수 있다. 실제 정관이 없는 사람들, 더우기 편관도 없는 사주를 살펴보면 머리가 좋고 상상력이 뛰어나도 적당한 기준이 없어 주위 사람들을 당황케 하는 사람들이 있다.

정관은 자신의 보직이라고 이해할 수 있고 혹은 직장의 훌륭한 선배로 이해할 수 있다. 특히 관직만이 중요한 일자리였던 과거에는 직장의 선배와 보직은 삶의 전부였다. 직업이 다양해졌고 전문직이 늘어난 지금은 정관을 삶을 지탱해주는 규율 정도로 이해해도 좋다. 그렇지만 정관도 과다하면 살성殺性을 띠게 된다. 정관은 모범생들이 가질 수 있는 성품으로 이해할 수 있다.

편인 偏印

일간을 생해주는 육신을 인수로 불렀다. 인수 중 일간과 같은 음양을 가진 간지를 편인이라고 부른다. 일간이 갑이라면 임이 편인이다. 편인을 도식倒食이라고 부르는데 도는 넘어질 도로 식신을 넘어뜨린다는 의미를 지녔다. 식신은 먹거리의 신으로 정재를 도와주는 길신이다. 그런데 편인이 식신을 제압한다. 편인이 식신에게 위해危害를 가하는 셈이다.

즉 편인은 일간을 생하는 것이기도 하지만 먹거리의 신인 식신을 못살게 구는 작용도 한다는 점에서 도식이라고 불렀다. 한편 편인은 재물을 겁탈해 가는 겁재의 생모 격으로 부정적인 이미지를 담고 있다. 하지만 여러분들이 역학의 변화무쌍함을 보았듯이 일간이 약했을 때 일간을 도와주는 좋은 역할도 수행한다.

정인 正印

똑바로 된 도장이다. 일간을 일간답게 만들어주는 육신으로 일간의 어머니로 작용한다. 정인은 일간을 생하기도 하지만 관을 해하는 상관을 억제하여 결과적으로 정관을 보호하는 역할을 한다.

정인은 편관의 기운을 받아 일간으로 기를 넘겨줌으로써 편관의 작용을 감소시키는 또다른 역할도 수행한다. 언제나 그렇듯이 지나치면 문제가 있다는 것은 역학의 원리다.

일간이 갑甲인 경우 정인은 계癸와 자子가 되는데, 갑에게 수가 너무 많으면 수다목부水多木浮라 혀여 나무가 물에 둥둥 뜨거나 썩는 등 크게 해로운 상황이 발생한다. 최근 어머니의 보호가 지나쳐 성인이 된 후까지도 어머니의 치마폭을 벗어나지 못하는 '큰 애들'이 많다. 이런 경우를 말한다.

육신론과 지장간 | 지지에 스며있는 천간

　십간에서 본 육신론은 십간이 하나의 기운만 뚜렷이 드러내기 때문에 간단하다. 그러나 십이지지에서 나타난 육신론은 지지의 기운을 천간의 기운으로 바꾸어 육신을 정해야 한다. 지지는 천간의 기운을 받아들여 천간을 내장하고 있다. '지지에 포함되어 있는 천간'이란 의미로 지장간支藏干으로 부른다. 여기서 장藏은 숨을/곳간/저장 등의 의미로 지지 속에 숨어있는 간이라는 의미다. 가령 지지인 자子는 임壬기운이 10.35일, 계癸기운이 20.65일이 숨어있다. 인寅의 경우는 무기운이 7.23일, 병기운이 7.23일, 갑기운이 16.54일이 숨어있다. 12지지를 표로 정리하면 다음과 같다.

지장간 표		
	여기 餘氣	중기 中氣	정기 正氣
子	壬 10.35일	—	癸 20.65일
丑	癸 9.30일	辛 3.10일	己 18.60일
寅	戊 7.23일	丙 7.23일	甲 18.54일
卯	甲 10.35일	—	乙 20.65일
辰	乙 9.30일	癸 3.10일	戊 18.60
巳	戊 5.17일	庚 9.30일	丙 16.53
午	丙 10.35일	己 9.30일	丁 11.35
未	丁 9.30일	乙 3.10일	己 18.60
申	己 7.20일	戊 3.10일 壬 3.10일	庚 17.60
酉	庚 10.35일	—	辛 20.65
戌	辛 9.30일	丁 3.10일	戊 18.60
亥	戊 9.23일	甲 5.17일	壬 18.60

처음 행은 12지지에 대하여 임계무갑을무병정기경신무로 각각의 기일이 표시되어 있다. 두번째 행을 보면 지지 자묘유子卯酉에는 중기中氣가 없고 나머지 9개의 지지에 그 기운이 표시되어 있다. 마지막 행으로 12지지에 대하여 계기갑을무병정기경신무임으로 표시되어 있다. 첫번째 행을 여기餘氣라고 부른다. 두번째 행을 중기中氣라고 부르고 마지막 행을 정기正氣라고 부른다.

즉, 자는 여기인 임기운이 10.35일을 차지하고 정기인 계기운이 20.65일을 차지해 31일간을 운행한다. 여기서 여기餘氣는 지난달부터 계속되어 남아있는 기운 '임壬'을 의미하고, 정기正氣인 계癸로 자子를 대표한다.
하늘기운에 비해 땅기운은 그 운행이 늦게 진행된다. 그런 까닭에 반드시 지지에는 남아있는 기운 '여기餘氣'가 존재한다. 하지만 지지를 천간으로 치환하여 논할 때 계癸는 정기로서 자子를 대표한다. 만일 일간이 갑甲이라면 자子는 계癸로 치환되어 육신으로는 정인正印이 된다.

인의 경우도 마찬가지다. 인은 여기가 무로 7.23일, 중기가 병으로 7.23일 정기가 갑으로 16.54인데, 이때 갑은 지장간(지지에 감춰져 있는 천간)중 인을 대표한다. 이렇듯 모든 12지는 지장간중 정기가 대표하여 간을 표현하고, 그에 따라 육신이 정해진다.

가령 갑이 일간인 경우,
자는 정기가 계이므로 정인이 된다.

축은 정기가 기이므로 정재가 된다.
인은 정기가 갑이므로 비견이 된다.
묘는 정기가 을이므로 겁재가 된다.
진은 정기가 무이므로 편재가 된다.
사는 정기가 병이므로 식신이 된다.
오는 정기가 정이므로 상관이 된다.
미는 정기가 기이므로 정재가 된다.
신은 정기가 경이므로 편관이 된다.
유는 정기가 신이므로 정관이 된다.
술은 정기가 무이므로 편재가 된다.
해는 정기가 임이므로 편인이 된다.

甲을 일간으로 한 육신표	
子	정인
丑	정재
寅	비견
卯	겁재
辰	편재
巳	식신
午	상관
未	정재
申	편관
酉	정관
戌	편재
亥	편인

5부

음양오행과 체질론

동서양의 체질론

식물에 나타난 음양오행

동물에 나타난 음양오행

사상체질과 음양오행

섭생의 원리

동서양의 체질론

동아시아인들은 음양오행의 원리가 인체에도 적용된다고 보았다. 중국 신화시대의 의학저술 〈황제내경〉으로 시작된 동양의학은 음양이론에 기초하여 발전을 거듭해 왔는데, 이에 따르면 코로 받아들인 천기天氣는 폐로 들어가고 입으로 들어간 각종 음식물은 지기地氣인 바 위로 들어가 에너지의 원천이 된다. 지기인 음식물은 천기인 산소와 합쳐져 활동에너지로 기능한다.

그 후 인간을 양인과 음인으로 분류하였는데 조선말기의 의학자 이제마 선생은 양인, 음인을 더 세분하여 사상四象체질로 구분하였다. 현대에 이르면 다양한 체질이론이 등장해 자연건강법의 주요 흐름이 되었다. 자신을 이해하기 위하여 자신의 운명과 기질 뿐아니라 자신의 몸을 이해하는 것은 매우 중요하다. 사상체질론은 자신의 몸을 이해하는데 훌륭한 틀이 될 것이다. 역으로 사상체질론을 통한 몸의 이해는 음양오행론을 더욱 깊이 이해하는데 현실적이고 풍부한 사례를 제공한 것이다.

서양의 체질이론

체질이론은 동양에만 있었던 것은 아니다. 고대 그리스의 의성 히포크라테스Hippocrates는 우주구성의 원리를 인체에 적용하여, 체액에 따라 다혈질, 점액질, 담즙질, 흑담즙질 등 네개로 나누었다. 이를 사체액병리설이라고 한다. 이를 바탕으로 갈레누스Galenus는 사기질분리설을 주장했는데 이는 인간의 기질을 타고난 성품의 결합체로 보고 재정리한 것이다.

다혈질	느리고 덥석대기를 잘하며 현실적이되 변심을 잘하고 신중하지 못하다.
점액질	냉정하고 침착하며 게으르지는 않으나 활발하지 못하여 민첩하지 못하지만 끈기가 있다.
담즙질	괄괄한 성미에 희로애락의 표현이 빠르나 영속성은 부족하다.
흑담즙질	사소한 일을 크게 생각하고 걱정하는 마음이 지나치고 남을 잘 믿지 못한다. 우울질이라고도 한다.

이러한 서양의 체질구분은 20세초에 들어 여러 관점으로 분기한다. 독일의 크레치머kretchmer는 정신과 신체 그리고 의학적 관점에서 인간을 비만형, 세장형, 투쟁형의 세 유형으로 분류한 후, 이상체질인 발육부전형을 합하여 네 개의 체질로 설정했다.

그리고 시가우드Sigaud는 호흡형, 소화형, 근육형, 뇌형의 네가지로 분류하였고, 독일 철학자 칸트Kant는 기질에 대한 연구를 통해 감성적 기질과 활성적 기질로 분류하였다. 한편 셀든Sheldon은 배엽기원설로 체질은 출생 전에 어느 정도 결정되어 여섯살 때 결정된다고 주장했다. 그는 인간의 체질을 내배엽형(내장긴장형)과 중배엽형(신체긴장형) 그리고 외배엽형(두뇌긴장형) 세가지로 분류했다. 겔Gell과 쿠부스Coobus는 네가지 알러지형으로 체질을 분류하기도 했다.

이상에서 열거한 외에도 서양의 체질구분은 몇몇 학자들에 의해 주장된 연구수준의 이론도 다수 존재한다. 그러나 서양의 체질론은 찬반논쟁을 거듭하면서도 별다른 진천을 보이지는 못했다. 일반적으로 서양의 체질이론은 보편적 이론으로 정립되기에는 정도가 미흡했기 때문인데 실제 적용면에서도 그 유용성이 낮았던 것으로 보인다.

동양의 체질이론

고대 동양에서의 체질이론은 대체로 중국 인도에서부터 시작되었다. 경전과 같은 고문서 속에서 우주 생성이론과 함께 인체에 대해 언급하고 있다. 인도의 고대 힌두교 서적인 아유르베다Ayurveda에서는 인간의 체질이 환경과 상황에 따라 변하는 것이라 하며 세 유형으로 분류했다. 이에 따르면 우주 생성과 운행 원리와 같이 인간의 체질은 건강과 질병에 관계하는 생명 에너지인 공기, 불, 흙의 기운으로 나뉜다고 설명했다. 이를 비타Vita형, 피타Pita형, 카파Kapha형으로 불렀다.

비타형의 원소는 공기의 기운으로 바람처럼 항상 움직이는 체질을 말한다. 따라서 바쁘게 생활하는 특성을 지니고 있다. 몸 상태가 좋을 때는 상상력이 풍부하고 창의성이 있으나 과로할 경우에는 쉽게 흥분하고 지치게 되어 신경과 소화기에 문제가 생길 수 있다.

피타형의 원소는 불 기운으로 진정으로 인생을 개척할 수 있는 체질로 정력적이다. 몸 상태가 좋을 때는 지적이며 예리한 통찰을 보여주나, 열정이 과도할 경우 타인에게 비판을 가하고 긴장한다.

카파형의 원소는 흙의 기운으로 굳건하고 믿음직한 체질을 말한다. 따라서 애정이 충만하며 어려울 때 진심으로 남을 도울 수 있는 마음을 가지고 있다.

중국의 경우는 황제내경黃帝內經을 통해 체질구분의 일단이 서술되어 있다. 여기서는 인간의 체질을 태양지인太陽之人, 소음지인少陰之人, 소양지인少陽之人, 태음지인太陰之人 그리고 가장 균형있는 체질이라고 본 음양화평지인陰陽和平之人 등 다섯가지로 구분했다. 이를 오행과 연결지어 설명했다.

목형은 머리가 작고 얼굴이 길며 어깨와 등이 넓고 신체가 곧으며 손발이 작다. 일반적으로 재능이 있고 생각이 많으며 매사에 걱정이 많다. 우울형이 이에 속한다.

화형은 안면이 좁으며 머리가 작고 어깨, 등, 엉덩이, 복부의 발육이 좋으며 손발이 작고 걸음이 빠르며 어깨와 등의 살집이 풍만하다. 일반적으로 기백이 있고 재물을 가볍게 여기며 믿는 마음이 부족하고 걱정이 많으며 안색은 좋고 성질이 급하다. 흥분형이 이에 속하다.

토형은 얼굴이 둥글고 머리가 크며 어깨와 등이 풍만하고 복부가 크다. 또한 하체가 건장하고 손발이 크며 살집이 풍만하고 상하체의 균형이 매우 잘 이루어져 있으며 걸음걸이가 점잖다. 마음이 안정되어 있고 남을 잘 도우며 권세를 싫어하며 남에게 의지하기를 좋아한다. 활달형에 속하다.

　금형은 얼굴이 모나고 머리가 작으며 어깨 등 손발이 작고 뒤꿈치가 견실하다. 일반적으로 청렴결백하고 성질이 급하며 의지가 굳고 용맹하며 관리가 되기에 적합하다. 안정형에 속한다.

　수형은 얼굴에 줄이 많고 머리가 크며 턱이 넓고 어깨가 작으며, 복부가 크고 손발을 잘 움직이며 보행시 몸을 흔들고 꼬리뼈가 길다. 일반적으로 행동이 불순하고 말을 잘하며 남을 잘 속인다. 안정형이 이에 속한다.

　황제내경에서 기술한 음양오행에 따른 체질구분은 동아시아 체질론의 기초가 되었다.

한국에서의 체질이론

　한국의 체질이론은 조선말 성리학자였던 이제마 선생이 〈동의수세보원〉에서 유학의 사단칠정론과 의학을 포괄하여 사상체질론으로 이론화하였다. 그는 체형, 성격, 장부의 허실 등을 음양오행으로 구분함으로써 독창적인 한국의 체질이론으로 발전시켰는데, 그에 따라 인간의 체형, 기질, 장단을 다음과 같이 설명했다.

　태양인은 폐대간소肺大肝小로 남성적이며 강한 사고력을 지녔으며 과단성이 있고 진취적이다. 반면 계획성이 없고 공격적이며 물러설 줄 모른다. 영웅심과 자존심이 강하며 명석한 두뇌의 소유자다. 기호로는 담백하고 서늘한 음식을 좋아한다. 태양인은 폐가 실하며 그 성정이 좋은 소리를 좋아하며 싫은 소리에 분노하는데 교만한 마음이 웅크리고 있다고 말할 수 있다. 청각 또한 발달되어 있다.

　소양인은 비대신소脾大腎小로 외향적이고 가정과 자신의 일은 소홀히 한다. 남을 돕는데 희생적이고 불의 앞에서 분노를 터트린다. 판단력은 빠르나 계획성이 없다. 성격은 급한 편이며 일의 마무리를 제대로 하지 않는다. 기호로는 찬 음식을 좋아한다. 눈은 좋은 빛깔을 좋아하고 가슴은 자랑하는 마음이 있다.

　태음인은 간대폐소肝大肺小로 겉으로 의젓하지만 안으로는 음흉한 성격이 있으며 속마음을 남에게 잘 드러내지 않는다. 잘못인지 알면서도 끝까지 밀고 나가는 우둔함이 있으나 다른 사람은 잘 하지 못하는 계획을 묵묵히 밀고 나간다. 폭음 폭식을 한다. 나쁜 냄새를 싫어하며 잘난체 하는 마음이 있고 무리짓기 좋아한다.

　소음인은 신대비소腎大脾小로 내성적이며 사교적이다. 겉으로 연약해보이지만 내면은 강하다. 매사에 세심하고 과민해서 항상 마음이 불안하다. 머리가 총명하며 판단력이 빠르고 조직적이다. 책임감이 강하고 질투심도 심하다. 음식은 적게 먹는다. 미각이 발달되어 있고 과장하는 마음이 있다.

　이제마 선생의 장부론과 성정론은 사단론과 병증에 대한 처방으로 이어진다. 이제마 선생의 사상체질론은 음양오행이 의학에 가장 극적으로 적용된 예로 이후 우리나라 체질론의 출발점이 되었다.

이제마 선생으로부터 시작된 우리나라의 체질이론은 그 후 인체에 대한 음양론적인 해석은 물론, 식물과 동물 등 식재료 전반에 대해 음양론적인 해석이 가해졌고 음양오행에 따른 식이요법으로까지 발전했다. 최근 이런 식이요법은 자연건강법으로 각광을 받게 되었다.

특히 중의학자이자 〈음양오행으로 본 체질〉의 저자인 연상원 선생은 적도에서 시베리아에 걸친 광범위한 지역의 동식물을 관찰함으로써 각종 식재료를 음양론으로 분류했고 실제의 식생활과 치료에 적용할 수 있도록 체계화시켰다. 이후 기술하는 체질론과 동식물에 대한 분류는 연선생으로부터 배운 바가 크다.

2

식물에 나타난 음양오행

식물은 동물과 달리 움직이지 않으며 곧게 서 있다. 동물은 생식기가 하복부의 가장 안전한 곳에 감춰져 있는 반면 식물은 빛과 바람이 잘 통하는 상부에 존재한다. 동물은 에너지의 원천인 음식물을 머리통에 있는 입으로 섭취하는 반면 식물은 가장 아래에 있는 뿌리로부터 흡수한다.

식물에게 머리통은 뿌리인 셈이다. 식물에게서 꽃과 열매는 동물의 생식기와 다름없다. 양인 동물은 생식기가 음부위인 하복부 안쪽에 자리하고 있는 반면 음인 식물은 생식기가 양부위인 윗쪽 밖에 자리하고 있다. 묘한 음양의 균형이다.

그렇다면 음양론을 식물에는 어떻게 적용시킬 수 있을까. 우선 식물내부에서도 음과 양으로 구분할 수 있다. 봄과 여름 기운이 강한 것은 양이고 가을과 겨울 기운이 강한 것은 음이다. 현상적으로 음기운은 모으고 끌어내리는 기운이고 양기운은 솟구치고 흩어지는 기운이다. 음기운 중 모으는 기운은 가을기운으로 금金이고 끌어내리는 기운은 겨울기운으로 수水다. 양기운 중 솟구치는 기운은 봄기운으로 목木이고, 흩어지는 기운은 여름기운으로 화火다. 양 중 봄기운에 해당하는 것을 태양太陽, 여름기운에 해당하는 것을 소양少陽이라고 부른다. 음 중 가을기운에 해당하는 것을 태음太陰, 겨울기운에 해당하는 것을 소음少陰이라고 부른다. 이를 정리하면 다음과 같다.

태양太陽	봄	木목	솟구치는 기운, 따뜻한 기운
소양少陽	여름	火화	흩어지는 기운, 뜨거운 기운
태음太陰	가을	金금	모아뭉치는 기운, 서늘한 기운
소음少陰	겨울	水수	끌어내리는 기운, 찬 기운

세상에 존재하는 만물은 각각 자기만의 고유 기운을 갖고 있는데 동양의학은 모든 만물은 네가지 기운 중 하나의 기운이 우세하다고 보았다. 식물도 예외가 아니다. 식물 중에는 인간이 먹을 수 있는 것으로 일반식품과 약이 있는데 약리작용이 약한 것은 식품이 되었고, 약리작용이 강한 것은 약으로 분류했다.

가령 인삼은 뜨거운 기운인 화기운의 식물로 과거에는 약으로의 기능이 강했다. 하지만 대량생산과 제조가공방법이 발전함으로써 차나 엑기스 등 일반식품으로 개발되었다. 곰의 쓸개인 웅담은 금金기운이 많은 귀한 약재였으나 최근에는 곰을 사육하여 웅담을 채취함으로써 식품화한 약이 되었다. 그러나 곰사육을 통한 웅담 채취는 동물학대 문제로 많은 논란을 불러일으키고 있다. 네 개의 기운으로 구분해 식물들을 살펴보자.

나무

양기운이 많은 식물들은 대체로 활엽이다. 나무는 침엽일 때 표면적이 커지는데 양기운 식물들은 굳이 빛을 많이 모을 필요가 없다. 반면 음기운이 많은 식물들은 어떤 형태로든 빛을 많이 모을 수 있는 구조를 취해야 하는데 침엽이 그것이다.

태양기운이 강한 은행나무는 솟구치는 기운에 의해 가운데 기둥이 곧게 올라간다. 또 밤나무는 꽃대가 솟아있고 열매는 스스로 외피를 벗고 튀어나간다. 대나무 줄기는 솟구치는 기운으로 인해 그 결 또한 곧은 짜임새를 갖고 있어 칼을 대면 수박이 쩍 벌어지듯이 쪼개진다. 대나무는 솟구치는 기운이 너무 강한 나머지 죽순이 올라오고 난 며칠 사이는 엄청난 속도로 자란다. 성장속도가 너무 빨라 안에는 빈 공간을 두었고 마디를 만들어 쓰러지지 않도록 했다.

소양기운이 강한 대추나무는 일정 정도 줄기를 세우면 강렬한 기운으로 가지를 뻗게 되는데 마치 뱀이 강한 힘으로 이동하는 것과 같은 모습이다. 줄기는 매우 단단해 날카로운 도끼로도 쉽게 쪼갤 수 없다. 이런 성질을 이용하여 과거에는 도장의 주요한 재료가 되었다. 여기에 속하는 나무들은 대체로 수분이 적어 건조한 느낌을 준다.

태음기운이 강한 감나무는 끌어모으는 기운으로 전체적으로 풍성한 모습을 띤다. 그 열매인 감은 태음기운이 만들어내는 전형적인 과실의 모습이다. 감나무는 체내의 양기를 외부에 유출시키지 않기 위해 두터운 껍질을 이루고 있다. 여기에는 벚꽃나무와 플라타너스 나무가 있는데 이 또한 풍성한 느낌을 준다. 이 종류들은 그 재질이 단단하지 않으며 연하고 탄성이 있어 감나무는 골프채 헤드의 원료로도 쓰였다.

소음기운이 강한 버드나무는 전체적인 형상이 위에서 밑으로 늘어져 있다. 개나리, 장미, 찔레 모두 이와 유사한 모습을 띠고 있으며 대체로 담이나 둑에 기대어 있다. 모두 재질은 부드럽지만 섬유질이 꼬여있어 질기며 잘 부러지지 않는다. 습기가 많은 곳에서 잘 자란다. 다른 종류의 초목이 자라기 전에 꽃을 피우고 잎을 틔우는데 녹음이 짙어지기 전에 양기를 빨리 많이 받아들이기 위한 생존전략이다.

과일류의 체질은 식물의 특질에 따라 결정된다. 배 사과 밤 은행 등은 태양기운을 가졌고 대추, 귤, 커피 등은 소양기운을 가졌다. 포도, 복숭아, 매실, 감 등은 태음기운을 가졌고 키위, 딸기, 오디 등은 소음기운을 가졌다.

넝쿨식물

양과에 속하는 넝쿨식물은 내부 양기가 풍부하여 맨바닥에서도 잘 자라지만 음과에 속하는 넝쿨식물은 담이나 지지대를 타고 올라 빛을 많이 흡수할 수 있는 방식으로 자란다. 태양과에 속하는 수박은 잎이 풍성하지 않지만 체내 양기로 인해 큰 열매를 다는데 문제가 없다. 줄기는 힘차고 거칠며 그 열매가 완전히 익었을 경우 칼을 대면 곧게 쪼개질 정도로 결을 유지하고 있다. 소양과에 속하는 참외는 그 과실의 표면이 단단하고 속은 익을수록 비어있다. 호박의 경우도 참외와 유사하게 익을수록 내부를 비우는데 이는 양기가 많은 여름을 견디기 위한 방편이다.

　태음과에 속하는 포도는 과실이 부드럽고 윤택하며 풍성한 모습을 띠고 있다. 줄기는 지지대를 타고 올라가 지상에서 떨어진 일정 공간에서 많은 빛을 흡수하려 하며 잎 또한 크다. 소음과에 속하는 오이는 지지대를 타고 올라가지 않으면 열매가 열리지 않거나 매우 작아서 반드시 지지대를 세워주어야 한다. 또한 오이는 열매의 표면이 우툴두툴하며 줄기나 잎이 잔가시로 덮여있다. 이는 모두 빛을 많이 흡수하기 위함이다. 담쟁이넝쿨 또한 이런 성질을 갖고 있는데 담쟁이는 그 줄기가 매우 질기고 유리벽조차 타고 올라가는 찰기가 있다.

　음기가 많은 초목은 일반적으로 가시를 다는 경우가 있는데 이는 빛을 흡수하기 위함이다. 작고 많은 가시를 달수록 음기운이 많은 소음과 식물에 속한다.

곡류

　태양과 곡류인 벼(멥쌀)는 물이 많은 논 즉 음지대에서 자란다. 태양과 식물의 특성으로 그 밀도가 단단하다. 같은 기운을 가진 콩은 콩대를 꼿꼿이 올리는데 가을이 되어 영글면 솟구치고 튀어나가는 성질로 인해 콩껍질을 열고 튀어나간다. 수수는 솟구치는 기운으로 곧게 대를 올리며 열매를 머리 꼭대기에 달아 고량高粱이라고 부른다. 수수의 붉은 열매는 고량주의 원료다. 이는 해바라기가 머리 꼭대기에 씨를 맺는 것과 같다.

소양과에 속하는 옥수수는 수수와 줄기와 잎이 유사하게 생겼지만 수수와는 달리 팽창하고 흩어지는 여름기운으로 옆구리에 이삭을 달았다. 같은 과에 속하는 들깨도 참깨와는 달리 옆으로 가지를 치며 자란다.

태음과에 속하는 찰벼(찹쌀)는 논에서 자라는 벼와 달리 빛이 많고 습하지 않은 밭에서도 잘 자란다. 태음기운이 도는 가을이 되면 태음과인 찰벼는 금세 약해져 바로 수확을 해야 하며 쌀과 달리 딱딱하지 않다. 밀은 낟알에 많은 가시를 달아 빛을 모으고자 하고 그 가루는 점력이 좋아 국수를 만들거나 모양이 있는 빵을 만들 수 있는데 이는 모아 뭉치는 기운이 점력을 만들기 때문이다. 마치 태음과에 속하는 소나무의 진액이 강력한 점력을 갖고 있는 것과 같은 이치다.

소음과인 보리는 양기가 부족하여 바람과 빛이 잘 들어오는 밭에서 자란다. 보리는 음기운이 많은 곡물로 소양인에게 매우 훌륭한 식품으로 기능한다. 일명 좁쌀이라고 부르는 조는 많은 알갱이를 한덩어리로 달고 자라는데 얇은 껍질에 쌓여 있다.

대표적인 소음과인 메밀은 양기가 부족해 열매를 둥근 형태로 취하지 못한다. 끌어내리는 음기운이 지나치게 강한 나머지 점성을 갖지 못하여 밀가루와 섞은 후에야 적당한 끈기를 지닌 가닥을 만들 수 있다.

음양오행과 체질론 § 225

채소류

태양과에 속하는 무는 양기운이 많아 잎을 많이 달지 않아도 음지대인 땅 속에 뿌리를 크게 내린다. 반면 태음과에 속하는 배추는 뿌리는 배추잎에 비해 작고 배추잎은 양지대인 공간에 영양물질을 저장한다. 무와 배추는 그 구조와 형태가 반대다.

소음과인 냉이와 소양과인 시금치를 비교해보자. 냉이는 이른 봄 다른 풀들이 자라기 전에 처음으로 등장하는데 유독 뿌리를 깊게 내린다. 이는 외부의 한기를 견디고 이른 봄 생명활동을 뿌리에서 왕성히 하여 그 에너지를 잎으로 올리려 하기 때문이다. 잎은 땅바닥에 낮게 붙어 성장하는데 이는 찬바람의 영향을 피하기 위함이다.

이른 봄 올라오는 풀은 냉이처럼 땅바닥에 낮게 깔리거나 배추처럼 잎이 모여있는 모습을 취하는데 이는 이른 봄의 냉기를 견디기 위한 구조이다. 소양과에 속하는 시금치 중 납작하고 파손이 생겨 상품가치가 없어 보이는 것은 지난 겨울 맨땅에 씨가 뿌려진 것이다. 반면 길쭉하게 생긴 것은 대체로 비닐하우스에서 기른 것으로 볼 수 있다.

해조류

바다식물을 관찰해 보자. 우리들의 식탁에 가장 많이 오르는 바다식물로 미역, 다시마, 김 등을 들 수 있다. 이들은 겉으로 비슷한 모습으로 보이지만 음양으로 본 성질은 매우 다르다.

소양과에 속하는 다시마는 조미료로 많이 쓰인다. 여러 종류의 국을 끓일 때 다시마를 넣게 되면 다시마 맛을 강하게 냄으로써, 국맛을 더욱 풍성하게 만든다. 반면 태음과인 미역은 주재료로 쓰이지만 보조재료에 의해 맛이 바뀌면서 풍성하게 된다. 쇠고기가 들어가면 쇠고기 맛을 내며, 닭고기가 들어가면 닭고기 맛을 낸다.

다시마는 능동적으로 맛을 바꾸게 하며 미역은 수동적으로 맛이 바뀐다. 이는 다시마는 양적 기운이 강한 관계로 능동적인 변화작용을 하며, 미역은 음적 기운이 강해 다른 보조재료에 의해 변화되기 때문이다.

자라는 환경도 다르다. 다시마는 음기운이 왕성한 차고 깊은 동해안에서 군락을 이루며 자란다. 내부에 양기가 넘쳐 미역만큼 많은 일조량이 필요하지 않다. 다시마는 줄기는 길지만 잎은 풍성하게 달지 않는다.

반면 미역은 많은 잎을 달고 햇빛이 풍성하고 따뜻하며 얕은 바다에서 잘 자란다. 따뜻한 남해바다라 할지라도 섬이나 절벽에 의해 그늘이 지는 곳은 잘 자라지 못하는데 이는 많은 양기를 흡수해야 하기 때문이다. 다시마와 미역은 생긴 모습도 다르다. 다시마는 뻣뻣하고 길쭉하며, 미역은 훨씬 풍성한 느낌을 준다. 마치 감나무와 플라타너스가 미역이라면 대추나무는 다시마와 같은 느낌이라고 비유할 수 있다.

소음과인 우뭇가사리는 양기를 충분히 받을 수 있는 따스하고 얕은 바다에서 자라며 톳나물처럼 뾰족한 모습을 지니고 있는데 이는 일조량을 충분히 흡수하고자 하기 때문이다.

3. 동물에 나타난 음양오행

식물이 생물 중 고정된 것이라면 동물은 움직임을 특징으로 한다. 식물이 종縱으로 서 있으며 움직임이 없는 반면, 동물은 횡橫으로 서 있고 횡으로 움직인다. 생물이란 관점에서 보면 식물은 음이고 동물은 양이다. 종은 음이고 횡은 양으로 구분한다. 이를 정리하면 다음과 같다.

			서 있는 모습	식품의 작용력
식물	음	고정됨	종縱	약하다
동물	양	움직임	횡橫	강하다

영양학적 관점이나 기운의 측면에서 동물성 식품이 식물성 식품보다 작용력이 강하다. 이는 단위 체적당 에너지가 집중적으로 함유되어 있기 때문이다. 인간은 어떨까? 인간은 종으로 서있고 횡으로 움직인다. 음적 형

태(종)로 서 있으면서 양적 방향(횡)으로 움직이는 존재로 음양균형이 가장 발달한 동물이라고 할 수 있다. 인간에 비해 빈번하지 않지만 원숭이류나 곰 등도 간혹 직립을 한다.

이들은 인간을 제외하고 두뇌가 아주 발달한 동물군으로 잡식을 한다. 잡식을 하며 직립할수록 영리한데 인간이야말로 직립하면서 잡식을 하는 대표적인 종이다. 이로부터 채식이 좋으냐 육식이 좋으냐 하는 논쟁은 무의미하다고 보아야 할 것이다.

육상동물

육상동물을 구분해 살펴봄으로써 인체를 사상으로 분별하는 기준을 구할 수 있다. 태양과에 속하는 육상동물로는 사슴, 말, 기린, 사자 등이 있다. 이들은 배통이 유독 부실하여 전체적으로 날씬한 느낌을 준다. 이들은 사자를 제외하고 목이 매우 길고 튼튼하다. 게다가 갈기가 무성하거나 뿔이 대칭으로 곧게 나 있다. 이는 태양과 동물의 주요한 특징인데 사슴은 뿔이 곧고 대칭으로 난 것이 특징이며 말 기린 사자 등은 억센 갈기가 목줄기 위로 무성하다. 이는 체내의 양기가 솟구치는 형상이다. 숫사자의 경우는 머리통이 매우 크고 갈기가 억세다. 전체 체형이 길쭉하여 목이 긴 다른 태양과 동물들과 대비를 이룬다.

태양과와 대칭을 이루는 태음과 육상동물은 곰, 코끼리, 하마, 코뿔소, 호랑이 등인데 이들은 체형이 태양과 동물과 반대의 모습이다. 이들은 몸통과 머리통의 구분이 분명하지 않아 목줄기가 어디인지 분별하기 쉽지 않다. 게다가 이들의 몸통과 배통은 다른 과에 비해 매우 풍성하며 크다. 코끼리, 코뿔소, 곰 등은 코가 특수하게 발달되어 있으며 후각이 예민하다. 몸집이 작은 동물로 고양이가 있는데 이들이 이동하는 모습을 보면 체형에 비해 배통이 큰 나머지 땅에 끌리듯 이동한다.

소양과인 소, 원숭이, 양, 염소, 개 등은 어떤 특징을 갖고 있을까. 이들은 어깨판이 유독 튼튼하고 강하다. 화가 이중섭이 그린 '소'를 보면 어깨는 강하고 힘차게 그려져 있다. 반면 엉덩이는 부실하게 그려 놓았다. 소, 양 등은 사슴과 달리 뿔이 작고 구부러져 있고 비대칭이다. 원숭이는 전체 체형이 역삼각형 구조를 갖고 있으며 놀라거나 흥분하면 똥 오줌을 지리는데 이는 소양과 동물의 취약부분인 신장 방광이 약한 때문이다.

소음과인 돼지, 토끼, 캥거루, 낙타 등은 어떨까. 이들은 대체로 졸린 듯한 눈을 갖고 있으며 가슴 폭이 좁고 엉덩이는 크고 실하다. 이에 따라 앞다리는 짧고 뒷다리는 길고 억세다. 캥거루는 이런 체형이 극단적으로 발달하여 뒷다리로만 이동한다. 토끼나 돼지, 쥐는 엉덩이가 발달하였고 소음부위인 신장과 방광 그리고 생식기가 발달했다. 이로 인해 새끼를 많이 낳는다.

조류와 어류

육상동물 중 특별한 갈래를 이루는 조류는 모두 소양과에 속한다. 조류는 소양부위인 가슴과 눈이 발달했다. 조류는 동물의 앞다리에 해당하는 부위가 날개로 진화하였고 뒷다리는 가늘고 길게 변화하였는데 뼈 속은 비게 되었다. 소음부위인 방광이 퇴화하여 똥과 오줌을 같이 배설한다. 반면 이들의 소화기관은 모래도 소화시킬 정도로 강력하다.

태양과인 갈치는 체형이 길고 머리는 삼각으로 날카로우며 솟구쳐 오르는 기운이 강해 수면을 뛰어다니며 성질이 급하다. 그래서 갈치는 잡히자마자 곧 죽는다. 멸치 또한 유사하다. 같은 태양과라도 민물고기인 쏘가리는 머리통이 크고 강하며 억세다. 상어의 경우도 머리통이 크고 공격적이고 포악하다.

소양과인 장어와 뱀은 횡으로 움직이는 강한 기운을 갖고 있는데 내부 양기가 강한 반면 피는 오히려 찬기운을 지녀 균형을 이루려고 하였다.
태음과인 고래, 참치, 고등어 등은 어류 중 배통이 가장 크고 실하다. 민물에 사는 붕어와 잉어 역시 배통이 크고 실하며 양기운을 빼앗기지 않고자 비늘이 발달하였다.

어류는 음지대인 물에서 살아서인지 유독 음기운을 띤 종류가 많은데 조개류, 껍질이 단단한 게, 가재, 새우 등의 갑각류는 모두 소음과다. 이들은 조개껍질이나 단단한 등딱지로 내부의 열이 외부로 나가는 것을 차단한다. 오징어나 낙지, 문어 등은 소음부위인 다리가 발달하고 머리통과 몸통은 부실하다. 멍게, 해삼, 게불 등은 음기운이 강한 바다 생물로 소양인들에게 최고의 음식이다.

곤충류와 감각기관

감각기관과 곤충과의 관계를 대표하는 것으로 매미, 벌, 파리, 모기를 들 수 있다. 매미는 소리, 벌은 색, 파리는 냄새, 모기는 맛에 민감하도록 발달했다. 매미는 암수간에 교미의사를 소리로 나타내며, 벌은 발달한 눈으로 꿀이 든 꽃을 찾아내고, 파리는 귀신같이 냄새를 찾아내며, 모기는 입이 발달했다.

곤충	감각	발달기관	발달한 기운	사상분류
매미	소리	귀	태양기운(목)	태양과
벌	색	눈	소양기운(화)	소양과
파리	냄새	코	태음기운(금)	태음과
모기	맛	입	소음기운(수)	소음과

4

사상체질과 음양오행

　인간은 먹이사슬 구조의 최상위 포식자로서 가장 높은 수준으로 음양의 균형을 구현한 존재다. 인간을 제외한 모든 동식물은 종별로 각각 태양/소양/태음/소음 등 네가지 기운 중 한 가지만 뚜렷하게 나타난다고 볼 수 있는데 균형이란 관점에서 한쪽 방향으로 치우쳐 있는 셈이다. 인간은 상대적으로 가장 높은 수준에서 음양의 균형을 갖추고 있지만 그렇다고 완벽한 수준으로 음양균형을 갖췄다고 볼 수는 없다. 이런 점이 인간도 네 가지 상(사상四象)으로 분류할 수 있는 이유가 된다.

　그렇다면 동식물을 분류함에 있어 음양과 사상으로 구분하는 원리는 뭘까? 동식물 및 인간 모두 각자에게 고유한 구조와 형태를 지녔다. 또한 각 개체의 구조와 형태는 그 개체가 지닌 기관의 역할과 기능과 밀도를 결정한다. 사상체질론의 창시자인 이제마 선생은 사상체질을 성정과 연결시켜 설명했다. 하지만 후대의 연구와 경험에 따르면 외관으로 나타나는 전체적인 특징과 얼굴 모습, 감각기관이 주는 상象으로 판단하는 것이 우선이다. 외적인 구조와 형태를 파악하는 것이 그것이다. 그리고 외형적인 모습이 어떻게 장부의 허실과 연결되는지를 파악함으로써 체질을 확정하는 것이 다음이다.

외적인 모습이 오장육부의 허실과 상호관계를 결정하는데, 이를 통해 한 사람의 체질을 일관되게 진단할 수 있다. 그 후 귀, 코, 눈, 입 등 감각기관 그리고 상체와 하체 등 체상의 특징을 포괄하여 좀 더 심화된 이해가 가능하다. 그 후 체형이 드러내는 기질과 성격은 훨씬 다기한 모습을 띠므로 부차적으로만 고려될 따름이다.

그러므로 실제 체질을 감별하는 순서는 겉으로 드러난 사람의 여러가지 특징을 종합하여 네가지 중 하나의 체질로 확정하고 이에 따라 인체 내부의 오장육부 및 감각기관 생식기관의 허실을 역으로 추정하게 된다.

외형으로 본 구분

전체적인 체형

우리는 사람들을 부를 때 동물에 빗대어 별명을 부르기도 한다. 말, 곰, 소, 쥐, 원숭이, 돼지, 호랑이, 사슴 등이 주로 등장하는데 전체적인 체형, 얼굴에서 풍기는 상 또는 어떤 사람이 하는 행위를 이미지화하여 말하곤 한다. 이는 어떤 사람의 특징을 파악하는 주요한 수단이다. 이러한 방식은 매우 전통적인 방식이지만 한 인간의 전체구조와 내면을 파악하는데 매우 유효하다. 이것이 체계화되면 관상학으로 발전한다.

사상체질론에서도 동물이 드러내는 이미지를 특정 개인의 체질과 연결시켜 파악하는 것은 여전히 유효하다. 이를 위하여 먼저 인체의 구성부분을 사상으로 구분할 필요가 있다.

인체에서 상체는 양이고 하체는 음이다. 상체가 발달한 사람은 양인이고 하체가 발달한 사람은 음인이다. 인체를 더 구분하여 사상으로 나누어 보면 목줄기부터 머리통은 태양부위(목), 가슴과 팔은 소양부위(화), 배통은 태음부위(금), 엉덩이 이하 다리는 소음부위(수)가 된다. 이를 그림으로 표현하면 다음과 같다.

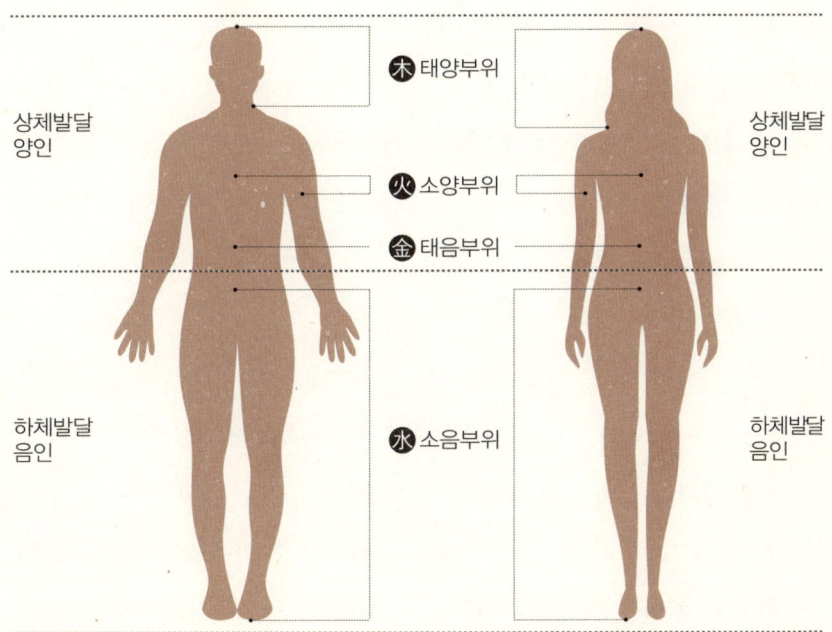

이상의 내용을 바탕으로 네 체질의 특징을 살펴보자.

태양인은 말이나 사슴 혹은 기린의 형상을 띤다. 머리통은 비교적 세로형이고 목줄기에 갈기처럼 털이 나 있고 팔 다리는 일반적으로 길쭉하다. 그리고 폐가 커서 갈비뼈가 엉치뼈 부근까지 아래로 넓게 드리워져 있고 배통이 부실하다. 이들은 일을 많이 하더라도 팔뚝살이 오르지 않는다. 김연아와 같은 체형이다.

소양인은 원숭이나 소처럼 가슴이 유독 발달되어 있는데 여자의 경우 가슴과 팔뚝살로 나타난다. 반면 엉덩이는 전체 체형에서 부실하게 보이고 하체가 빈약하다. 여자의 경우 엉덩이가 윗쪽으로 약간 올라가 있으며 눈이 커 시원한 느낌을 준다. 한국인 중 가장 많이 차지하는 유형이다.

태음인은 곰, 호랑이 형의 체형을 갖고 있다. 체구에 비해 가슴이 그리 크지 않으며 유독 배통이 실하다. 격투기의 황제 표도르의 모습이 전형적이다. 이들은 허리 힘이 좋아 괴력을 뿜어내기도 하는데 표도르의 경우 격투기 선수 중 체격조건이 특출하지는 않지만 배와 허리에 무게 중심이 잡혀있어 힘과 스피드를 동시에 낼 수 있었다. 중국인 중 이러한 체형을 가진 남자와 여자가 많다.

소음인은 토끼, 돼지형의 모습이다. 가슴은 작고 좁으며 엉덩이와 다리는 굵고 실하다. 일본 여학생들이 수학여행 와서 다닐 때 관찰해보면 한국 여학생들의 다리보다 더 굵은 것을 보게 된다. 일본인에게 많이 보이는 체질이다. 이 체질은 태양인과 마찬가지로 팔뚝살이 오르지 않는다. 피부는 네 체질 중 가장 탄력이 있다.

이상의 설명으로도 실제 자신과 주위의 사람들을 구분하기란 쉽지 않다. 실제 다양한 사람들의 체형을 관찰하면서 그 특징을 정리해 두지 않으면 확신을 갖고 판단하기가 어렵다. 위에서 거론한 다양한 동물과 식물의 특징을 구분하고 판단하는 경험이 축적되면 직관적인 판단이 가능해진다. 더욱이 해외여행이 빈번해진 요즈음 다양한 인종을 관찰한다면 사상적 특징을 더욱 분명히 파악할 수 있을 것이다.

얼굴에서 나타나는 특징

인체에서의 사상적 특징은 얼굴에서도 나타난다. 이마를 중심으로 하는 부위는 태양부위, 눈을 중심으로 하는 부위는 소양부위, 코를 중심으로 하는 부위는 태음부위, 입을 중심으로 하는 부위는 소음부위가 된다. 이들 중 어떤 부위에 가장 에너지가 집중되어 있는지, 어떤 부위가 취약하게 보이는지를 파악함으로서 체질여부를 판단하게 된다.

이를 감각기관과 연결하여 보면 귀는 태양부위, 눈은 소양부위, 코는 태음부위, 입은 소음부위가 되는데, 귀와 코는 세로로 서 있고 눈과 입은 가로로 누워 있다. 소리와 빛을 담당하는 귀와 눈은 상부에 놓여있고 냄새와 맛을 담당하는 코와 입은 하부에 놓여 있는 셈이다. 즉 음양이 상하부로 나뉘어 있으면서 음양이 서로 교차하도록 놓여있다. 여기에 뇌수가 포함되면 오행구분이 완성된다.

뇌수	의식	토	종합	사유 – 판단
귀	소리	목	태양부위	듣기 – 음악
눈	색	화	소양부위	보기 – 미술
코	냄새	금	태음부위	맡기 – 향기
입	맛	수	소음부위	먹기 – 요리

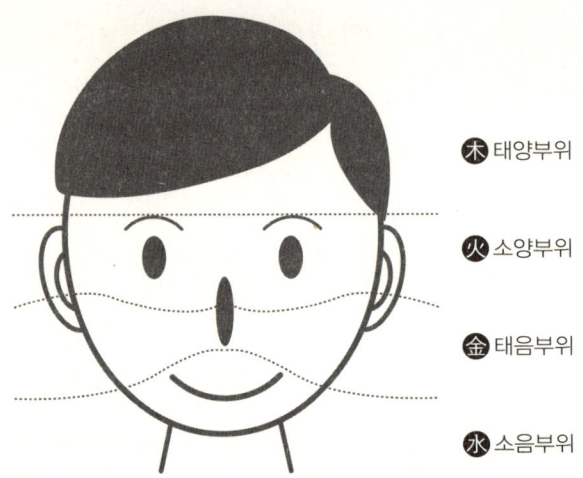

신체 내부의 장부관계

외형적인 신체와 몸 속에 있는 장부는 불가분의 연관관계가 있다. 외부적으로 엉덩이가 빈약한 소는 신장과 방광이 부실하지만 엉덩이가 실한 돼지는 신장, 방광, 생식기가 튼튼한 것처럼 인간 또한 마찬가지다.

소에 비해 돼지는 새끼를 많이 낳는데 이는 이를 담당하는 생식기의 차이가 만들어낸 결과다. 즉 모든 동물의 골격과 체형은 내부의 장기와 연결되어 있는데 인간은 모두 네개의 체질 중 하나로 나뉘어 사람마다 차이를 분별해 결정해야 하는 까닭에 판단하기 어려울 따름이다.

사상으로 나타난 장부

장부臟腑 중 장臟과 부腑는 어떻게 구별하는가. 장은 속이 꽉 차있는 주머니이고 부는 속이 비어있는 주머니이다. 간과 폐는 속이 차있고 위와 방광은 속이 비어있는데 이런 기준으로 나눈 것이 오장 육부다. 이를 오행으로 설명하면 다음과 같다.

태양기운이 많은 폐, 대장은 호흡과 찌꺼기를 밖으로 내뿜어 배출하는 기능을 담당하여 목木에 해당한다. 소양기운이 많은 비장과 위는 열을 가장 많이 내고 소화액을 분비하는 기능을 담당하여 화火에 해당한다. 태음기운이 많은 간과 쓸개는 모든 영양소와 피를 모아 놓는 기운을 담당하여 금金에 해당한다. 소음기운이 많은 신장과 방광은 모든 찌거기와 독소를 끌어내리는 기능을 담당하여 수水에 해당한다.

이를 도표화하면 다음과 같다.

장부	오행	담당기운	실한체질	허한체질
폐, 대장	목	태양기운	태양인	태음인
비장, 위	화	소양기운	소양인	소음인
간, 쓸개	금	태음기운	태음인	태양인
신장, 방광	수	소음기운	소음인	소양인

폐, 대장은 간, 쓸개와 대칭적 짝을 이루고, 마찬가지로 비장과 위는 신장, 방광과 대칭적 짝을 이룬다. 태양인과 태음인, 소양인과 소음인은 서로 반대 성향을 보임을 알 수 있다.

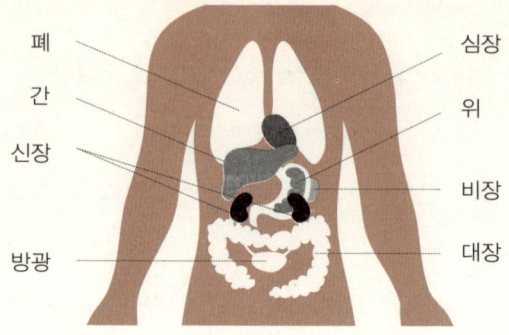

심장으로 본 사상

심장은 몸 전체의 균형을 주관하는 토의 기운이다. 그 자체로 2심실 2심방으로 이루어져 그 자체로 사상운동四象運動을 전개한다. 이를 도식화하면 다음과 같다.

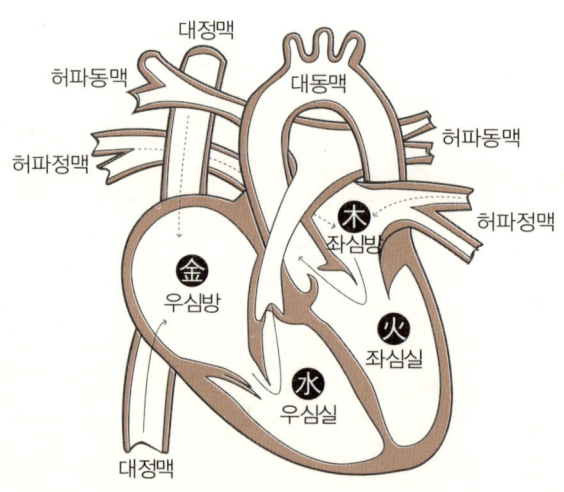

솟구치는 기운	목	좌심방	모아뭉치는 기운	금	우심방
흩어지는 기운	화	좌심실	끌어내리는 기운	수	우심실

장부와 감각기관의 상호관계

네 개의 감각기관을 이루는 귀, 눈, 코, 입은 네 기운의 장부와 밀접히 연동되어 있다. 귀는 폐와 대장, 눈은 비장과 위, 코는 간과 쓸개, 신장과 방광은 입과 연결되어 있다. 이 관계는 동물들의 사례를 살펴보면 분명히 드러난다. 새는 비장과 위와 눈이 좋고, 곰은 간과 쓸개와 코가 좋으며, 돼지는 신장과 방광과 입(이빨)이 좋다.

돼지, 토끼, 쥐는 이빨로 기가 몰려 튼튼하고 빨리 자란다. 토끼나 쥐는 뿌리 등을 끊임없이 갉아 이가 지나치게 빨리 자라는 것을 막아야 하는데 이를 인간에게 적용시켜도 된다. 가령 소음인은 신장과 방광 그리고 입(치아)이 튼튼하여 입병이 잘 생기지 않는다.

반면 소양인은 비장과 위 그리고 눈이 좋은 반면, 신장과 방광 그리고 입이 약해 입 주위에 트러블이 많이 생긴다. 피곤하면 입술이 터지거나 부스럼이 자주 나면 분명 그는 소양인이다. 이를 요약하면 다음과 같다.

	튼튼한 부위	취약한 부위
태양인	폐 대장 / 귀	간 쓸개 / 코
소양인	비장 위 / 눈	신장 방광 / 입
태음인	간 쓸개 / 코	폐 대장 / 귀
소음인	신장 방광 / 입	비장 위 / 눈

기존 오행과의 차이

황제내경으로부터 시작된 동양의학은 오랫동안 음양오행과 장부의 관계를 다음과 같이 규정했다. 간장은 간의 신선함과 생동감이 초목의 신선함과 생동감에 견줄 수 있다하여 목으로, 심장은 끊임없는 운동으로 가장 많은 열을 내며 붉기 때문에 화로, 비장은 인체 가운데 존재하고 있다하여 토로, 폐장은 장부중 백색에 가장 가깝기 때문에 금으로, 신장은 물의 활동이 가장 활발히 이루어진다하여 수로 설명했다.

하지만 현재의 해부학적 생리학적 지식을 동원하고 각 장부의 구조와 형태 기능을 검토할 때 현대의 사상체질론으로 재설정하는 것이 타당하다고 보인다. 이를 비교하면 다음과 같다.

	폐	비장	심장	간	신장
현대의 오행	목	화	토	금	수
기존의 오행	금	토	화	목	수

질병의 발생구조

다치거나 부러져 몸에 상해가 났다면 외과적인 치료의 도움을 받아야 한다. 또 전염병이라면 국가방역시스템에 따라 전염을 막고 치료를 해야 한다. 이런 것이 아닌 질병은 대체로 세균에 의해 감염되는 세균성 질환이거나 영양물질의 결핍이나 과잉 혹은 불균형에서 오는 순환기성 질환이다.

순환기성 질환은 궁극적으로 혈액의 흐름이 문제가 되어 발생하는 질환으로 가장 치유하기 힘든 질병으로 파악되고 있다. 사망원인에 대한 통계에 따르면 질병의 90%가 순환기성 질병에 따른 것이고 나머지 10%는 세균성 질병이나 안전사고에 의한 것이라고 한다.

질병은 항상성의 부재와 면역성의 저하로 발생한다고 알려져 있는데 항상성은 체온, 염도, 산도 등 여러가지 고려 대상이 일정한 상태를 유지함으로써 몸의 안정과 균형을 유지하는 성질이다.

면역은 외부에서 침입한 세균이나 바이러스 등 외부인자에 대한 방어시스템이다. 인체가 높은 면역체계를 유지할 경우 외부인자가 침입하더라도 항체를 만들어 대항함으로써 발병을 억제하는 기능이다.

이때 영양물질의 결핍이나 과잉 혹은 불균형은 인체의 항상성과 면역성을 저하시키는데 현대 한국인에게는 결핍보다는 과잉섭취나 불균형한 섭취가 문제로 된다.

그렇다면 결핍과 과잉을 사상체질론으로는 어떻게 이해할 수 있을까? 솟구치는 기운이 강한 태양인은 체질의 특성상 폐가 크고 간이 작다. 간이 취약한 까닭에 왕성한 간 기운으로 생기는 지방간은 걱정하지 않아도 된다. 반면 영양소와 피를 머금는 기능이 취약하여 빈혈이나 면역체계가 취약해서 생기는 간염에 걸릴 가능성이 높다.

태음인은 그 반대가 된다. 모아 뭉치는 기운이 넘쳐 소화흡수력이 왕성하고 식욕이 대단하다. 솟구치고 흩어지는 기운이 부족한 태음인은 영양소를 태우지 못하고 크고 실한 간에 많은 영양소와 노폐물을 저장하고 있다. 이로 인해 간은 더욱 습해지고 노폐물까지 남아 지방간은 물론이고 간염, 간경화, 간암 등 각종 간 질환의 온상이 되기도 한다. 더욱이 음체질의 특성상 순환이 느려 노폐물을 처리하는 속도도 느리다.

소양인은 비장과 위가 실해 소화흡수력이 좋아 과식할 수 있다. 맹렬하게 운동하는 소양인의 위는 뒤에 있는 비장과 옆에 있는 간을 뜨겁게 한다. 뜨거워진 간은 딱딱하게 굳는데 이것이 간경화다. 반면 신장과 방광은 취약하여 신장염이나 방광염 요도염등의 질환에 걸릴 수 있다.

이러한 소양인이 음기운이 취약해져 신체의 균형이 극도로 깨어져 있는 것을 망음증이라고 부른다. 비장과 위에 지나치게 에너지가 몰리면 눈에 영향을 주어 안압이 높아지고 충혈이 생기며 심지어 백내장과 녹내장으로 이어지는 경우도 있다.

게다가 신장과 방광이 취약하면 입과 이에 영향을 주어 입이 터지거나 부스럼이 생기고 이가 약해진다. 소음인은 그 반대가 되는데 소음인은 위 기능이 취약해 소화흡수력이 낮고 소화불량으로 고생하는 일이 많다. 그리고 음인의 몸은 늘 냉하여 활기가 없고 심하면 우울증으로 고생하기도 한다.

이렇듯 사상체질로 보면 인체의 모든 장부가 서로 연계되어 있다고 본다. 한 쪽이 지나치게 실하면 다른 한 쪽이 부실해서 균형이 깨지고 질병으로 이어진다. 가령 소양인이 음기운이 많은 보리 밀 배추 돼지고기 등을 아주 적게 섭취하고 양기운이 많은 소고기 닭고기 멥쌀 콩 감자 마늘 등을 지나치게 많이 섭취하면 가슴과 머리는 더욱 뜨거워진다.

뜨거워진 비장과 위로 인해 간 또한 뜨거워져 간경화로 발전할 수 있으며 신장 방광은 더욱 취약해지고 정력도 떨어진다. 전체적으로 뜨거워진 몸으로 인해 피는 더욱 끈적끈적해지고 혈관에는 혈전이 생겨 각종 혈관계

질환을 일으킬 수 있다. 비장과 위의 열기는 눈에 영향을 주어 안압을 높이거나 안구건조증을 유발할 수 있다. 이런 사람이라면 식생활구조를 바꾸어야 한다. 즉 음기운이 많은 식품으로 바꾸는 것만이 가장 근원적으로 치유하고 건강을 유지하는 방법이 될 것이다.

이 때 약의 역할은 어느 정도일까? "음식으로 고치지 못하는 병은 약으로도 고치지 못한다"는 동서고금의 명언이 있다. 먹거리와 약은 그 근원이 같은 것처럼 음식을 통하여 신체의 균형을 도모하는 것이 가장 좋은 방법이다. 최근 화학적으로 조성되는 약은 단기적으로는 좋은 효과가 있지만 많은 부작용을 낳고 있는 것도 사실이다.

약원병 藥原病 | 약으로 인해 생기는 병

약원병이란 약이 원인이 되어 생기는 질환을 말한다. 질병을 치료하기 위해서는 약물을 사용하게 되는데 오히려 그 약의 독성으로 인하여 생기는 질병이다. 현재 약을 맹신하는데서 오는 약원병藥原病 환자가 늘고 있다. 약은 곧 독이기도 하다.

미국은 매년 10만명 이상이 약의 부작용으로 사망하고 있다고 한다. 대부분의 선진국에서 약의 부작용으로 인한 사망자가 교통사고 사망자보다 많다. 약이 인류의 질병퇴치에 엄청난 기여를 했고 지금도 긴요하게 사용되고 있지만 과용이나 오남용에 따른 부작용을 동시에 감안하여야 한다. 양날의 칼처럼 약은 유용성과 위험성을 동시에 갖고 있다.

우리가 복용하는 대부분의 약은 화학적으로 추출된 유효성분을 인공적으로 합성시켜 만든 화학물질이다. 암세포는 죽였지만 다른 세포까지 죽이게 되어 사망하는 역설이 생기는 것이다.

약품들이 갖고 있는 문제점에 대해 의화학자인 파라셀수스Paracelsus는 '모든 약은 독이다. 다만 사용량이 문제일 뿐 독성이 없는 약은 없다'고 말했다.

우리의 몸은 스스로를 보호하고 치료할 수 있는 자연치유력을 갖고 있다. 인류가 생명을 시작한 이래 오랜 세월 터득한 생존의 기술이자 방어시스템이다. 질환을 원천적으로 치유하는 유일한 방법은 인체 스스로 항상성과 면역성을 회복하는 일이다. 다른 것은 모두 보조적인 수단일 따름이다.

5
섭생의 원리

건강이란 무엇인가?

건강하다는 것은 아프지 않고 다치지 않는 것이다. 여기에 기분 좋은 일상을 지낸다면 더 할 나위가 없겠다. 이제마 선생은 건강하기 위하여 다음과 같은 생활태도를 가질 것을 주장했다.

첫째, 교만하거나 사치하지 말고 간소하고 검약하게 살아야 한다. 둘째, 나태하지 말고 근면하며 부지런하게 살아야 한다. 셋째, 성격이 모나고 급하게 살지 말고 스스로 반성하며 살아가야 한다. 넷째, 쓸데없이 탐욕을 부리지 말고 다른 사람의 의견을 많이 들어가며 살아야 한다.

이를 위한 행동지침으로 '하지 말아야 할 것'을 제시했다. 첫째, 색을 멀리하여야 한다. 둘째, 술을 조심하여야 한다. 셋째, 재물을 너무 탐하지 말아야 한다. 넷째, 권세를 부리지 않도록 하여야 한다. 이렇게 한다면 무병장수를 누릴 것이라고 했다.

의학자로서의 이제마가 아니라 도덕철학자로서 말하는 듯하다. 이러한 이제마 선생의 주장은 세계보건기구(WHO)가 정리한 현대적인 '건강에 대한 정의the definition of health'와도 일맥상통한다. "건강이란 질병이나 신체적 손상이 없을 뿐 아니라 신체적, 정신적, 사회적으로 완전히 안녕한 상태를 말한다." At the time of the creation of the World Health Organization(WHO), in 1948.

세계보건기구 창립선언문에서 밝힌 건강에 대한 개념은 1986년 오타와 선언에서 그 개념이 더욱 확장된다. "건강이란 삶의 목표라기보다 일상의 자원이다. 건강이란 신체적 능력 뿐아니라 사회적, 개인적 자원을 강조하는 하나의 적극적인 개념이다." In 1986, the WHO, in the Ottawa for Health Promotion. 즉 세계보건기구는 신체적인 것은 물론이고 사회적으로도 안녕해야 건강하다고 정의했다. 나아가 건강은 개인적, 사회적 자원이어야 한다고 강조했다.

그렇다면 직접적으로 건강에 영향을 미치는 요인들은 무엇일까? 많은 연구와 분석을 종합하면 건강에 영향을 미치는 요소로 다음 여덟 가지를 들 수 있는데 음식, 물, 공기, 햇빛, 운동, 휴식(수면), 절제, 평안한 마음이 그것이다.

물 공기 햇빛 운동 수면

물

인생은 물을 잃어가는 과정이다. 99%의 물로 이루어진 수정란에서부터 시작된 인간의 생명은 유아기에는 몸의 90%가 물로 이루어져 있다.

그러나 성인이 되면 물은 70%로 줄고 노년에 이르면 몸의 50%로 줄게 된다. 그리고 질병이 있는 환자 특히 암환자의 경우 대부분 세포의 탈수에 기인하고 있다. 이렇듯 물은 인체의 노화 및 건강과 밀접한 관계를 갖고 있다.

WHO에서는 성인에게 하루 2리터 이상의 물을 마실 것을 권유하고 있는데 좋은 물은 다음과 같은 조건을 갖춰야 한다. 우선 농약이나 중금속 박테리아 등의 유해물질이 들어 있지 않아야 하며, 적정량의 칼슘 등 미네랄 성분이 균형있게 용해되어 있어야 한다.

이럴 때의 물은 오염되지 않은 PH농도 7.3-7.5정도의 물이 되는데 이는 혈액의 PH농도와 같다. 물이 대부분을 차지하는 혈액은 산소공급, 영양물질의 운반, 노폐물의 배출, 면역기능, 항온 작용 등 인체의 항상성(늘 일정한 상태)을 유지하는데 결정적인 역할을 담당한다.

이런 점에서 좋은 물은 좋은 피의 전제 조건이다. 세계는 이제 물 부족의 시대가 되었다. 깨끗하고 체내에 필요한 약알칼리성 물은 건강의 최소한의 조건이다.

공기

음양오행론에서 공기는 햇빛과 더불어 천기天氣라고 한다. 하루 평균 사람이 마시는 공기의 무게는 16kg 정도로 입으로 들어가는 세끼의 식사량의 무게보다 약 여섯 배나 무겁다. 공기는 78%의 질소와 21%의 산소 그리고 이산화탄소, 아르곤 등 기타 물질로 구성되어 있다.

개인으로는 어쩔 수 없는 공기이지만 공기의 역할은 지대하다. 입으로 들어간 음식물(지기地氣)은 코로 들어간 산소(천기天氣)와 만나야 생명에너지로 바뀐다. 인간의 많은 질병은 세포단위에서 발생하는 산소 결핍에서 비롯된다. 암의 경우 산소는 가장 좋은 치료제라고 한다.

WHO 보고에 따르면 전세계 폐암 사망자는 매년 120만명인데 이중 62,000명이 공기오염에 따른 것이라고 한다. 미국 뉴욕 대학 연구도 공기오염도가 높은 날 심장병환자 사망률이 5.4% 증가한다고 밝혔다.

그렇다면 어떤 공기가 좋은 공기일까? 일반적으로 사람은 공기중 산소농도가 22.0%일 때 쾌적함을 느끼는데 비교적 맑은 산속의 공기가 이런 수준이다. 보통 대기 중의 산소농도는 21%다.

서울 시내가 평균 20.5%, 서울 지하공간의 경우 18~19%로 좋은 공기라고 말할 수는 없다. 1~2% 차이가 크지 않은 것으로 생각될 수 있지만 실제 19.5% 이하가 되면 산소결핍을 일으켜 집중력이 떨어지고 두통이나 구토 증상이 나타나며, 심장과 폐에 질환이 있는 경우는 병세가 더욱 악화된다.

코카사스의 아브하지아, 네팔의 훈자 등 세계적인 장수마을들은 장수를 위한 최소한의 요건인 깨끗한 공기와 맑은 물이 있는 곳이다. 깨끗한 자연환경이야 말로 사람에게 가장 좋은 활력소이다. 피톤치드를 내뿜는 숲속이라면 더 할 나위가 없을 것이다.

햇빛

햇빛은 두 얼굴을 가지고 있다. 부족하면 골다공증이나 우울증 그리고 암이나 심혈관질환을 발생시키며 과도하면 피부 손상은 물론 기저세포암을 발생시킨다. 의학자들은 개인의 피부조건에 따라 자외선B의 양이 풍부한 한낮의 직사광선에 일정시간 노출시키기를 권한다.

적정량의 햇빛을 통해 골다공증의 원인이 되는 비타민D의 부족을 해결할 수 있으며 천연 항우울제인 세로토닌을 촉진시킬 수 있다. 또 암세포의 생성과 주요한 혈압 호르몬인 리닌의 생성을 억제한다.

햇빛이 부족하면 인체 내에서 비타민D의 생성이 부족하게 되어 칼슘의 흡수를 어렵게 한다. 이로 인해 골다공증, 골연화증, 구루병, 우울증, 암, 심혈관계 질환등이 발행한다. 그러므로 적절한 햇빛은 필수적이다.

운동

운동이란 인체의 기능에 활동성을 부여해 주는 것으로 땀을 흘릴 정도의 육체적 활동을 말한다. 운동은 몸에 열을 내게 하고 산소 공급을 최대한 증가시킨다. 운동을 통해 난 열은 암세포를 억제하고, 원활한 산소공급은 체세포를 활성화시켜 면역력을 향상시킨다.

수술이든 항암치료든 효과를 극대화하기 위해서는 풍부한 산소공급이 필요하다. 숨이 목에까지 차는 운동(등산 같은)은 산소공급을 극대화시키는데 체열은 열에 취약한 암세포를 억제하는 효과를 갖고 있다.

현대의학은 이런 특성을 이용하여 고주파 열치료를 실시하기도 한다. 만일 산행이라면 산림욕을 통해 피톤치드 같은 유익한 물질을 흡수하는 부수적인 효과를 노릴 수도 있다.

수면

적절치 못한 환경으로 숙면을 취하지 못하면 체온조절과 혈압 그리고 혈당유지에 좋지 않은 영향을 미친다. 적정한 시간의 숙면은 건강한 생활을 위한 필수이며, 수면이 부족할 경우 심장병이나 고혈압 그리고 비만 같은 성인병에 걸릴 위험이 높아진다. 반면 수면과잉은 활동성을 떨어뜨려 우울증 같은 정신질환을 일으킬 수 있다.

특히 암발생은 수면 부족과 상관관계가 큰 것으로 알려져 있다. 이는 밤이 되면 뇌에서 분비되는 호르몬인 멜라토닌 때문인데 멜라토닌은 수면과 기상 사이클을 조절하고 혈압과 체온을 낮춰주는 호르몬으로 이것이 부족하면 건강에 적신호가 켜지게 된다.

장수하는데 적절한 수면시간은 약 7시간인 것으로 알려져 있는데 특히 면역세포 활동이 가장 활발한 오전 1시~2시에는 반드시 숙면상태에 있는 것이 좋다.

어떻게 먹을 것인가

식약동원 食藥同源

You are what you ate. 음식과 약은 그 근원이 같다. 당신은 당신이 먹은 것으로 이루어져 있다. 이는 음식과 약과 몸의 관계에 대한 동서양의 대표적인 표현이다.

필자가 보기에 음식, 물, 공기, 햇빛, 운동, 휴식(수면), 절제, 평안한 마음 등 여덟가지 요소가 잘 갖춰진다면 건강한 삶을 살 수 있다고 생각한다. 그렇다면 우리 몸에 직접적으로 영향을 미치는 음식물을 어떻게 먹을 것인가.

오늘날 우리가 주로 먹는 음식의 식자재는 어림잡아 약 200종이 넘는다. 주식으로 곡류에 육류, 어류, 채소류, 과일류, 주류 등과 커피, 녹차 등 기호식품으로 나눌 수 있다. 농수축산물 자급율이 낮은 우리나라의 경우 상당량의 식자재를 수입에 의존하고 있다.

특히 중국산 식자재의 수입은 날로 늘어나고 있어 식자재의 안전성 여부가 늘 사회문제가 되어 종종 지면을 달군다. 방부제를 비롯한 각종 중금속 오염으로 먹거리에 대한 불안은 이미 오래되었다. 국내산 먹거리조차 축산물에 투입되는 과다한 항생제, 각종 농산물에 투입되는 성장촉진제, 방부제, 기타 오염물질, 중금속 등에 노출되어 있다.

그렇다고 식자재의 안전성이 보장된다면 무엇이든 먹어도 좋은 것인

가. 사상체질론에 따른 섭생은 안전한 먹거리일지라도 사람의 체질에 따라 다른 기능을 한다고 보았다. 이를 정기正氣와 사기邪氣라는 개념으로 설명했다.

사기란 병을 가져오는 해로운 기운이다. 열이 많은 사람들에게 열을 내는 음식물은 해로운 기운이며, 냉한 기운이 많은 사람들에게 찬 음식은 마찬가지로 해로운 기운이다. 열이 많은 사람에게 열이 많은 음식은 인체의 균형을 무너뜨려 사기가 된다. 이런 사람이라면 찬 음식을 섭취함으로써 인체의 균형을 회복해야 하는데 이것을 정기라고 부른다.

현재도 여전히 몸보신의 원리를 단순하게 이해하는 사람들이 많다. 몸이 쇠약해지면 보신을 한다고 인삼, 녹용, 개소주, 흑염소 등을 찾는다. 더욱이 이러한 보양식품이 유행따라 계속 변한다.

최근에는 마늘즙, 양파즙, 스쿠알렌 등 소재를 달리하며 유행상품이 되기도 했다. 한 때 홍삼은 많은 사람들이 선호하는 선물 품목이었다. 홍삼판매사들은 홍삼은 인삼과 달리 양의 기운이 제거되어 누구나 먹어도 좋은 양생식품이라 선전했다. 하지만 홍삼이라해서 인삼이 갖고 있는 기운이 크게 달라지지는 않는다. 이는 특히 입시를 앞둔 수험생들에게 총명해지는 보양식품으로 권장되었다.

소고기와 돼지고기를 비교해보자. 같은 두께의 소고기와 돼지고기를 같은 세기의 불로 구울 경우 어떤 쪽이 빨리 익을까?

정답은 소고기다. 소고기는 돼지고기에 비해 세 배 정도 빨리 익는다. 이는 돼지고기가 훨씬 조밀하다는 것을 말해 준다. 육질의 탄력성으로 말하면 돼지가 훨씬 탄력적이다.

이들의 뼈도 마찬가지다. 같은 굵기의 뼈를 끓일 경우 돼지뼈가 소뼈와 비교하여 세 배 이상의 시간이 지나야 골수가 우려져 나온다. 이는 돼지뼈가 훨씬 조밀하다는 것을 의미한다.

그렇다면 소와 돼지 중 어느 것이 골다공증에 걸릴 확률이 높을까? 당연히 돼지보다는 소다. 마찬가지로 골다공증에 걸린 확률은 소와 같은 체질인 소양인이 높은데(소음인은 없다) 이들이라면 뼈가 조밀한 소음과 돼지뼈를 고아 먹어야 된다는 결론이 나온다.

인삼은 내부에 강력한 양기를 갖고 있어 양기운이 강한 열대지방이나 황토에서는 잘 자라지 못한다. 인삼은 박토인 북서사면의 그늘진 산비탈에서 잘 자라는데 양기인 태양빛을 가려주고자 검은 천을 씌워 그늘을 만들어 준다. 때문이 열이 많은 사람이 인삼을 먹게 되면 더욱 열을 내는 부작용을 일으킨다.

반대의 경우도 있는데 메밀로 만드는 냉면의 경우 체질적으로 찬 기운이 많은 음인이 먹게 되면 장이 찬기운으로 변해 설사를 일으킨다. 이를 방지하기 위하여 냉면에 쇠고기 한 조각과 계란을 넣어 기운을 중화시킨다. 이는 조상들의 오랜 경험으로부터 생긴 삶의 지혜다.

사상체질론의 섭생원리는 서양의 영양학 개념으로는 설명할 수 없다. 서양은 체내에 에너지를 낼 수 있는 적당한 양의 영양물질을 섭취하는 것으로 충분하다고 설명한다. 이에 대해 동양은 음과 양 기운의 상호 작용을 염두에 두고 설명한다.

이에 따르면 음인은 양기운이 많은 식품을, 양인은 음기운이 많은 식품을 섭취함으로써 음양의 균형을 북돋아 주어야 한다. 이를 더욱 세분하면 사상체질에 따른 섭생방법이 된다. 이를 정리하면 다음과 같다.

	태양과 식품	소양과 식품	태음과 식품	소음과 식품
태양인	매우 해롭다	해롭다	매우 이롭다	이롭다
소양인	해롭다	매우 해롭다	이롭다	매우 이롭다
태음인	매우 이롭다	이롭다	매우 해롭다	해롭다
소음인	이롭다	매우 이롭다	해롭다	매우 해롭다

이런 논리에 비춰본다면 인삼은 소양기운이 강력한 식품으로 소음인들에게는 매우 이로운 식품이 된다. 반면 메밀은 소음기운이 강한 식품으로 소양인에게 매우 이로운 식품이 될 것이다.

그렇다면 '골고루 섭취해야 한다'는 주장은 어떻게 이해해야 할까. 골고루 섭취해야 한다는 주장과 가려 먹어야 한다는 주장은 다 옳다. 성장기에 있는 청소년들은 신체의 자율조정능력이 왕성하여 다양한 음식물을 섭취해도 크게 문제될 것이 없고, 성장기의 특성상 다양한 영양소와 기운이 요구된다.

다만 소, 닭, 우유, 설탕, 치즈 등으로 만들어진 패스트푸드의 경우 양기운이 왕성한 것들이어서 이런 종류의 식품을 과다하게 섭취하는 일은 삼가해야 할 것이다.

　보통의 청소년들과 달리 쇠퇴기에 들어간 성인이나 병약한 청소년들인 경우 체질이론에 따른 섭생은 인체의 균형을 잡아주는데 커다란 도움이 된다. 특히 소양인이 많은 한국인의 체질 구성으로 볼 때 소, 닭 및 관련 식품을 자제하는 것은 건강에 유익하다. 각각의 식품이 갖는 사상기운은 뒤의 표와 같다.

현상체질	태양인	
	매우 이로운 식품 및 약재	이로운 식품 및 약재
태양인 - 봄체질	곰, 호랑이, 코끼리, 개구리, 코뿔소 복어, 붕어, 잉어, 연어, 고등어, 참치, 도루묵, 고래 찹쌀, 밀, 팥, 잣, 홍화, 무화과 포도, 감, 다래, 모과, 매실, 레몬, 복숭아, 파인애플, 아보카도, 파파야, 망고 송이버섯 배추, 케일, 수세미, 근대, 가지 미역 백반, 화강암 북나무, 작약, 적복령, 엄나무, 바오밥나무, 피나무, 갈대, 부처손, 생강나무, 서각, 벽오동나무, 느티나무, 목련나무, 느릅나무, 홍화씨, 수세미열매, 백리향, 하고초, 머루, 가죽나무, 오가피, 유자, 엉겅퀴, 상산나무	돼지, 캥거루, 토끼, 청개구리, 누에, 지네, 조개, 가재, 오징어, 해삼, 뱅어, 굴, 해파리 보리, 메밀, 조, 녹두, 동부콩 딸기, 으름, 오디, 석류, 산수유, 키위, 블루베리, 올리브, 바나나 상황버섯, 느타리버섯, 차가버섯, 팽이버섯 오이, 상추, 미나리, 아욱, 냉이, 고사리, 샐러리, 함초, 우뭇가사리, 메생이, 톳, 청각 석고, 수은, 은, 오석 고들빼기, 까마중, 익모초, 어성초, 싸리나무, 한련초, 겨우살이, 탱자나무, 산초나무, 기름나물, 지부자, 귀침초, 난초, 누로, 우방자, 백복령, 질경이, 으름넝쿨, 숙지황, 묏미나리, 생지황, 현삼, 토사자, 개나리, 강활, 땅두릅, 화살나무, 호장근, 백하수오, 운향, 찔레나무, 목단, 산딸기

태양인		특징
매우 해로운 식품 및 약재	해로운 식품 및 약재	
말, 사슴(녹용), 사향노루(사향), 기린, 사자 갈치, 아구, 대구, 우럭, 꽁치, 멸치, 조기, 도미 쌀, 율무, 수수, 콩, 참깨, 기장, 밤, 호두 살구, 배, 사과, 수박, 카카오, 두리안, 멜론 표고버섯, 영지버섯 무, 연근, 도라지, 마, 고구마, 고추, 파, 부추, 얼갈이, 취나물, 브로콜리, 칡, 머위, 쑥갓, 설탕, 파래, 김 맥반석, 게르마늄, 대리석 천마, 둥글레, 산사, 아그배, 원추리, 인진쑥, 달맞이꽃, 월견초, 야래향, 억새풀, 단풍나무, 고로쇠나무, 석창포, 관동화, 저령, 국화, 사삼, 구절초, 양유, 고본, 백지, 총백, 산조인, 갈화, 갈용, 승마, 산약, 맥문동, 천문동, 부평, 대나무, 마황, 백과, 맨드라미	소(치즈/우유), 염소, 개, 노루, 닭, 오리, 뱀 미꾸라지, 장어, 웅어 옥수수, 들깨, 후추 대추, 귤, 참외, 오렌지, 토마토 운지버섯 감자, 호박, 생강, 강황(카레), 쑥, 겨자, 마늘, 양파, 갓, 꿀, 시금치, 참나물, 커피 다시마 유황, 황토, 옥, 금, 화산석 목향, 백출, 창출, 곽향, 삼칠, 자소엽, 향유, 당귀, 소회향, 천궁, 인삼, 파두, 오수	기운 - **솟구치는 기운** 색 - **청색** 맛 - **매운맛** 피부 - **소습 小濕** 장부 - **폐장, 대장** 감각기관 - **귀**

현상체질	태음인	
	매우 이로운 식품 및 약재	이로운 식품 및 약재
태음인 - 가을체질	말, 사슴(녹용), 사향노루(사향), 기린, 사자 갈치, 아구, 대구, 우럭, 꽁치, 멸치, 조기, 도미 쌀, 율무, 수수, 콩, 참깨, 기장, 밤, 호두 살구, 배, 사과, 수박, 카카오, 두리안, 멜론 표고버섯, 영지버섯 무, 연근, 도라지, 마, 고구마, 고추, 파, 부추, 얼갈이, 취나물, 브로콜리, 칡, 머위, 쑥갓, 설탕, 파래, 김 맥반석, 게르마늄, 대리석 천마, 둥글레, 산사, 아그배, 원추리, 인진쑥, 달맞이꽃, 월견초, 야래향, 억새풀, 단풍나무, 고로쇠나무, 석창포, 관동화, 저령, 국화, 사삼, 구절초, 양유, 고본, 백지, 총백, 산조인, 갈화, 갈용, 승마, 산약, 맥문동, 천문동, 부평, 대나무, 마황, 백과, 맨드라미	소(치즈/우유), 염소, 개, 노루, 닭, 오리, 뱀 미꾸라지, 장어, 웅어 옥수수, 들깨, 후추 대추, 귤, 참외, 오렌지, 토마토 운지버섯 감자, 호박, 생강, 강황(카레), 쑥, 겨자, 마늘, 양파, 갓, 꿀, 시금치, 참나물, 커피 다시마 유황, 황토, 옥, 금, 화산석 목향, 백출, 창출, 곽향, 삼칠, 자소엽, 향유, 당귀, 소회향, 천궁, 인삼, 파두, 오수

태음인		특징
매우 해로운 식품 및 약재	해로운 식품 및 약재	
곰, 호랑이, 코끼리, 개구리, 코뿔소 복어, 붕어, 잉어, 연어, 고등어, 참치, 도루묵, 고래 찹쌀, 밀, 팥, 잣, 홍화, 무화과 포도, 감, 다래, 모과, 매실, 레몬, 복숭아, 파인애플, 아보카도, 파파야, 망고 송이버섯 배추, 케일, 수세미, 근대, 가지 미역 백반, 화강암 북나무, 작약, 적복령, 엄나무, 바오밥나무, 피나무, 갈대, 부처손, 생강나무, 서각, 벽오동나무, 느티나무, 목련나무, 느릅나무, 홍화씨, 수세미열매, 백리향, 하고초, 머루, 가죽나무, 오가피, 유자, 엉겅퀴, 상산나무	돼지, 캥거루, 토끼, 청개구리, 누에, 지네, 조개, 가재, 오징어, 해삼, 뱅어, 굴, 해파리 보리, 메밀, 조, 녹두, 동부콩 딸기, 으름, 오디, 석류, 산수유, 키위, 블루베리, 올리브, 바나나 상황버섯, 느타리버섯, 차가버섯, 팽이버섯 오이, 상추, 미나리, 아욱, 냉이, 고사리, 샐러리, 함초, 우뭇가사리, 메생이, 톳, 청각 석고, 수은, 은, 오석 고들빼기, 까마중, 익모초, 어성초, 싸리나무, 한련초, 겨우살이, 탱자나무, 산초나무, 기름나물, 지부자, 귀침초, 난초, 누로, 우방자, 백복령, 질경이, 으름넝쿨, 숙지황, 멧미나리, 생지황, 현삼, 토사자, 개나리, 강활, 땅두릅, 화살나무, 호장근, 백하수오, 운향, 찔레나무, 목단, 산딸기	기운 - **모아뭉치는 기운** 색 - **적색** 맛 - **떫은맛, 신맛** 피부 - **다습 多濕** 장부 - **간장, 쓸개** 감각기관 - **코**

현상체질	소양인	
	매우 이로운 식품 및 약재	이로운 식품 및 약재
소양인 - 여름체질	돼지, 캥거루, 토끼, 청개구리, 누에, 지네, 조개, 가재, 오징어, 해삼, 뱅어, 굴, 해파리 보리, 메밀, 조, 녹두, 동부콩 딸기, 으름, 오디, 석류, 산수유, 키위, 블루베리, 올리브, 바나나 상황버섯, 느타리버섯, 차가버섯, 팽이버섯 오이, 상추, 미나리, 아욱, 냉이, 고사리, 샐러리, 함초, 우뭇가사리, 메생이, 톳, 청각 석고, 수은, 은, 오석 고들빼기, 까마중, 익모초, 어성초, 싸리나무, 한련초, 겨우살이, 탱자나무, 산초나무, 기름나물, 지부자, 귀침초, 난초, 누로, 우방자, 백복령, 질경이, 으름넝쿨, 숙지황, 묏미나리, 생지황, 현삼, 토사자, 개나리, 강활, 땅두릅, 화살나무, 호장근, 백하수오, 운향, 찔레나무, 목단, 산딸기	곰, 호랑이, 코끼리, 개구리, 코뿔소 복어, 붕어, 잉어, 연어, 고등어, 참치, 도루묵, 고래 찹쌀, 밀, 팥, 잣, 홍화, 무화과 포도, 감, 다래, 모과, 매실, 레몬, 복숭아, 파인애플, 아보카도, 파파야, 망고 송이버섯 배추, 케일, 수세미, 근대, 가지 미역 백반, 화강암 북나무, 작약, 적복령, 엄나무, 바오밥나무, 피나무, 갈대, 부처손, 생강나무, 서각, 벽오동나무, 느티나무, 목련나무, 느릅나무, 홍화씨, 수세미열매, 백리향, 하고초, 머루, 가죽나무, 오가피, 유자, 엉겅퀴, 상산나무

소양인		특징
매우 해로운 식품 및 약재	해로운 식품 및 약재	
소(치즈/우유), 염소, 개, 노루, 닭, 오리, 뱀	말, 사슴(녹용), 사향노루(사향), 기린, 사자	기운 - **팽창하는 기운**
미꾸라지, 장어, 웅어	갈치, 아구, 대구, 우럭, 꽁치, 멸치, 조기, 도미	색 - **황색**
옥수수, 들깨, 후추	쌀, 율무, 수수, 콩, 참깨, 기장, 밤, 호두	
대추, 귤, 참외, 오렌지, 토마토	살구, 배, 사과, 수박, 카카오, 두리안, 멜론	맛 - **단맛, 아린맛**
운지버섯	표고버섯, 영지버섯	
감자, 호박, 생강, 강황(카레), 쑥, 겨자, 마늘, 양파, 갓, 꿀, 시금치, 참나물, 커피	무, 연근, 도라지, 마, 고구마, 고추, 파, 부추, 얼갈이, 취나물, 브로콜리, 칡, 머위, 쑥갓, 설탕, 파래, 김	피부 - **소유 小油**
다시마	맥반석, 게르마늄, 대리석	장부 - **비장, 위장**
유황, 황토, 옥, 금, 화산석		
목향, 백출, 창출, 곽향, 삼칠, 자소엽, 향유, 당귀, 소회향, 천궁, 인삼, 파두, 오수	천마, 둥글레, 산사, 아그배, 원추리, 인진쑥, 달맞이꽃, 월견초, 야래향, 억새풀, 단풍나무, 고로쇠나무, 석창포, 관동화, 저령, 국화, 사삼, 구절초, 양유, 고본, 백지, 총백, 산조인, 갈화, 갈용, 승마, 산약, 맥문동, 천문동, 부평, 대나무, 마황, 백과, 맨드라미	감각기관 - **눈**

음양오행과 체질론 | 265

현상체질	소음인	
	매우 이로운 식품 및 약재	이로운 식품 및 약재
소음인 - 겨울체질	소(치즈/우유), 염소, 개, 노루, 닭, 오리, 뱀 미꾸라지, 장어, 웅어 옥수수, 들깨, 후추 대추, 귤, 참외, 오렌지, 토마토 운지버섯 감자, 호박, 생강, 강황(카레), 쑥, 겨자, 마늘, 양파, 갓, 꿀, 시금치, 참나물, 커피 다시마 유황, 황토, 옥, 금, 화산석 목향, 백출, 창출, 곽향, 삼칠, 자소엽, 향유, 당귀, 소회향, 천궁, 인삼, 파두, 오수	말, 사슴(녹용), 사향노루(사향), 기린, 사자 갈치, 아구, 대구, 우럭, 꽁치, 멸치, 조기, 도미 쌀, 율무, 수수, 콩, 참깨, 기장, 밤, 호두 살구, 배, 사과, 수박, 카카오, 두리안, 멜론 표고버섯, 영지버섯 무, 연근, 도라지, 마, 고구마, 고추, 파, 부추, 얼갈이, 취나물, 브로콜리, 칡, 머위, 쑥갓, 설탕, 파래, 김 맥반석, 게르마늄, 대리석 천마, 둥글레, 산사, 아그배, 원추리, 인진쑥, 달맞이꽃, 월견초, 야래향, 억새풀, 단풍나무, 고로쇠나무, 석창포, 관동화, 저령, 국화, 사삼, 구절초, 양유, 고본, 백지, 총백, 산조인, 갈화, 갈용, 승마, 산약, 맥문동, 천문동, 부평, 대나무, 마황, 백과, 맨드라미

소음인		특징
매우 해로운 식품 및 약재	해로운 식품 및 약재	
돼지, 캥거루, 토끼, 청개구리, 누에, 지네, 조개, 가재, 오징어, 해삼, 뱅어, 굴, 해파리 보리, 메밀, 조, 녹두, 동부콩 딸기, 으름, 오디, 석류, 산수유, 키위, 블루베리, 올리브, 바나나 상황버섯, 느타리버섯, 차가버섯, 팽이버섯 오이, 상추, 미나리, 아욱, 냉이, 고사리, 샐러리, 함초, 우뭇가사리, 메생이, 톳, 청각 석고, 수은, 은, 오석 고들빼기, 까마중, 익모초, 어성초, 싸리나무, 한련초, 겨우살이, 탱자나무, 산초나무, 기름나물, 지부자, 귀침초, 난초, 누로, 우방자, 백복령, 질경이, 으름넝쿨, 숙지황, 묏미나리, 생지황, 현삼, 토사자, 개나리, 강활, 땅두릅, 화살나무, 호장근, 백하수오, 운향, 찔레나무, 목단, 산딸기	곰, 호랑이, 코끼리, 개구리, 코뿔소 복어, 붕어, 잉어, 연어, 고등어, 참치, 도루묵, 고래 찹쌀, 밀, 팥, 잣, 홍화, 무화과 포도, 감, 다래, 모과, 매실, 레몬, 복숭아, 파인애플, 아보카도, 파파야, 망고 송이버섯 배추, 케일, 수세미, 근대, 가지 미역 백반, 화강암 북나무, 작약, 적복령, 엄나무, 바오밥나무, 피나무, 갈대, 부처손, 생강나무, 서각, 벽오동나무, 느티나무, 목련나무, 느릅나무, 홍화씨, 수세미열매, 백리향, 하고초, 머루, 가죽나무, 오가피, 유자, 엉겅퀴, 상산나무	기운 - 끌어내리는 기운 색 - 흑색 맛 - 쓴맛, 짠맛 피부 - 다유 多油 장부 - 신장, 방광 감각기관 - 입

사주 보는 사람들은 어떤 사람들인가?

사주 보는 사람은 무식하거나 혹은 괴상하고 특별하다고 생각하는 이가 있다. 이런 생각은 정치인을 오해하는 것만큼이나 큰 오해다. 흔히 정치인을 직접 접해보지 않은 사람들은 정치인들이 무식하다고 말하는 경우가 많다.

그러나 실제로 여의도 국회는 한국에서 가장 똑똑하고 내공있는 사람들의 집합체다. 간혹 엉성한 사람들이 국회에 진출하는 경우가 있긴 하지만 대다수는 전혀 그렇지 않다.

국회에 진출하는 사람들은 지역구든 비례대표든 자기 분야 혹은 자기가 속한 지역에서 다양한 방식으로 경쟁을 뚫고 나온 사람들이다. 그렇다면 그런 사람들이 왜 우리 사회 문제점들을 쉽게 해결하지 못할까? 정치인들이 그렇게 보이는 이유는 너무나 다양하고 복잡한 사안을 처리해야 하는 직업임에 반해 그 모든 일을 사람들이 속속들이 알 수 없기에 그렇게 보일 뿐이다. 아니면 언론에 드러난 단편만이 그들의 전부인듯 비춰지기 때문이다. 또 어떤 사안에 대해서는 정치인 스스로 책임지기 힘들거나 각종 이해관계에 얽매여 있는 경우 모른 체한다.

능력보다 진정성이 없는 경우도 많다. 자신의 이해관계를 중심으로 보는 정치인은 심지어 사안을 왜곡시킨다. 나쁜 정치인들인 경우 유권자가 어떤 사안에 대하여 무관심하기를 바라고 애써 무관심을 유도한다. 다른 사안을 부풀림으로써 꼭 해결되어야 하는 사안을 덮어버리기도 한다.

거친 언행을 할 때도 대개는 정치적 의도가 깔려있거나, 폭력적인 언행을 함으로써 어떤 사람을 제압하고자 하는 의도가 내포되어 있다. 거기에다 역사적이고 구조적으로 왜곡되어 있는 많은 문제들이 있지만 이 글에서 본격적으로 다룰 문제는 아니다.

사주보는 사람의 경우도 많은 이유로 오해될 수 있다. 이 사람들 중에는 사기꾼과 같은 사람이 더러 있을 수 있고 교언영색으로 사람을 현혹하는 이가 있을 수 있지만 대개는 그렇지 않다. 사주보는 사람들이 사주를 익히게 된 데는 각자가 여러 곡절과 계기가 있겠으나 명리학을 상당수준까지 익히기 위해서는 다양의 측면에서 연구하지 않으면 안된다. 물론 제도권에서 닦은 스펙도 다양하다. 제도권 학력이 그 실력을 결정하는 것은 아니지만 학력과 명리학이 무관하다고 말할 수는 없다.

명리학 책에서 익혀야 하는 개념은 그 수준이 서양의 근현대철학에 비해 결코 낮지 않다. 사주를 보는 사람들 중에는 정치, 경제, 비즈니스, 승진, 주식 등 다양한 분야에 대해 해박한 지식을 겸비한 사람들이 많다.

왜냐하면 각 분야 전문가들에 대해 인생상담을 하면서 들은 바가 많기 때문이다. 물론 이들이 경험과 독서를 통해서 많은 지식을 습득했다기 보다는 많은 이들로부터 경청하는 데에 익숙한 직업적 특성 때문에 이러한 소양을 갖게 되었다고 볼 수 있다. 특히 따뜻한 마음을 가진 명리학자라면 더욱 더 많은 속사정을 들을 수 있는 가능성이 있다.

이들은 직업적 특성상 상대의 비밀을 유지해주어야 한다는 의식이 높다. 다만 가끔 신문지상에 사기등으로 오르내리는 사람들이 있다. 그렇다 할지라도 여러 직업군 중 대체로 인간적이라고 보아도 무방하다. 이러한 태도를 취하지 않으면 영업이 될 수 없는 까닭이다.

좋은 사주로 태어나면 인생의 고민이 없을까

좋은 사주를 가진 사람은 마냥 행복하기만 한가? 좋은 사주를 가진 두 분이 생각난다. 사람은 누구나 법과 기회 앞에 평등해야 하지만 어쩔수 없이 차이가 나는 것도 현실이다. 천부인권설에서 주장하듯 모두가 좋은 조건 속에서 살아가기 바라지만 유사 이래 불평등하게 살아 왔던 것이 인류의 역사였고 이를 시정하고자 노력해왔던 것 또한 인류의 역사였다.

여러 사주를 보다 보면 어쩔 수 없이 좋은 사주가 있기 마련이다. 유력 재벌사의 사장으로 계열사까지 포함하여 십 수년간 사장이 직업인 분이 있었다. 세속적인 기준으로 그는 매우 출세했다. 그렇지만 하늘은 모든 것을 주는 것은 아니다. 그 분은 체력이 아주 강했는데 그래서인지 술을 아주 많이 마셨고 부하직원들에게 강권하는 타입의 상사였다. 부하직원들은 이런 상사와 회식자리가 있게 되면 곤란하고 힘겨운 상황에 직면하는데 그 분의 강요로 두어명이 회식자리 후 사망한 사건이 일어나기도 했다.

이런 이유로 그 사장은 그룹내에서 구설에 오른 일도 빈번했지만 늘 큰 문제 없이 수습되곤 했다. 그러던 그분도 나이가 들어 회장, 고문으로 올라가면서 한가해지게 되자 젊었을 때의 과도한 음주 때문인지 온통 지병이 생겨 일상의 대부분을 치료로 보내야하는 상황이 되었다.

더구나 그분은 사장을 너무 오래 해서인지 아랫사람과 대화하는 것이 매우 서툴렀다. 그러니 그분을 찾아가는 부하 후배들도 점점 없어졌다. 안타까운 일이었다.

또 한 사람으로는 일세를 풍미했다가 타계하신 분이다. 이 분은 과거 K고 S대를 나와 대학 때부터 운동권에 뛰어들어 민주화운동에 헌신했다. 그는 70·80년 험난한 정치상황속에서 빈번히 투옥당해 몸이 많이 상했다. 그 후 그는 국회의원, 장관, 원내대표 등 굵직한 정치 경력을 쌓았지만 민주화 운동 과정에서 얻은 지병으로 60대 중반, 이른 나이에 이 세상을 떠났다.

두 사람의 예만을 들었지만 소위 현재 잘 나간다는 사람들 중 생을 다하는 날까지 편안하게 마무리하는 사람이 얼마나 될지 자못 궁금하다. 반대로 사주는 결함이 많지만 소소하게 이웃과 더불어 행복한 인생을 사는 사람도 많다. 그런 점에서 사주가 좋다는 것이 행복과 직결되는 것은 아닌가 한다.

사주와 부적

사주풀이는 명리학 이론으로 한 개인의 인생 행로를 추론하는 것을 말한다. 여기까지는 많은 사람들이 경험한 바가 있어 그런대로 받아들인다. 그런데 일부 철학원에서는 운명상에 액운이 끼었다는 이유로, 혹은 사업이 더욱 번창하기를 기원한다는 이유로, 애정이 깨지지 말기를 바라는 이유 등으로 부적을 권한다.

부적이란 경면 주사라는 붉은 물감으로 복잡하고 신기한 문양을 창호지 혹은 괴황지에 그려 넣은 것이다. 붉은 색을 띤 물감인 경면주사는 과거 동물을 죽여 그 피로 악귀를 쫓았던 의식을 대신한 것이다.

부적은 용도와 가격이 천차만별인데 액운이 오지 말기를 기대하는 정도의 가벼운 소품 정도로 받아들인다면 크게 문제될 것은 없다. 부적의 내용은 대개 하늘과 땅의 신에게 주변의 악귀를 막아주고 부적의 주인에게 평안과 행운을 가져다 주기를 기원하는 것이다.

문제는 불행을 미끼로 부적쓰기와 과도한 돈을 요구할 때다. 선량한 보통사람들의 경우 이러한 권유를 뿌리치지 못하는 상황이 발생한다. 운명을 말할 때 긴장하지 않는 사람은 없다. 성공한 사람들은 운명적 해석에 객관적인 태도를 취한다. 그러나 많은 경우 불안이 증폭되는데 이를 빌미로 부적을 권유하고 돈을 요구한다.

중요한 것은 자신의 문제를 스스로 진단해야 하지만, 액운이 발생했을 경우 반드시 이성적 판단만으로 위안이 되는 것은 아니다. 이럴 때 소품 같은 부적도 상당한 위안과 편안함을 줄 수 있다.

이런 정도는 문제될 게 없을 것이다. 그림이나 화분 도자기 등으로 부족한 오행을 보완한다는 경우도 있다. 과거 조선시대의 민화는 대개 이러한 취지를 표현했다. 연못에 있는 잉어 그림은 부유함을 기리는 것이었고 학 그림은 과거급제를 기리는 것이었다.

최근에는 사주상 수가 부족한 사람이 거실에 강이나 호수 그림을 붙여놓는 것도 크게 보면 조화로운 기운을 조성하며 삶이 편안해질 것을 기대하는 심리를 보여준다. 이는 광화문에 해태상을 놓아 관악산의 불기운을 막아준다는 비보풍수(보완해주는 풍수의 지형물)와 같다.

초보적인 풍수이해

과거 조정의 공식적인 자리에 남쪽을 향해 앉을 수 있는 사람은 황제나 왕 뿐이었다. 이는 풍수이론이 적용된 대표적인 예다. 우리는 집을 구하거나 사무실을 구할 때 아직도 풍수이론을 들먹이며 좋고 나쁨을 논한다. 이러한 전통을 미신으로 치부하기에는 조상들의 경험에서 나온 지혜이기에 함부로 폄하하기가 어렵다. 그런 점에서 풍수의 기초상식을 알아 두는 것도 좋다. 집이나 사무실 등 거주하고 일하는 곳을 따지는 것을 양택풍수라고 한다.

이와 달리 조상의 묘를 선정하는 것을 음택풍수라고 한다. 최근 화장이나 수목장 등으로 조상의 묘를 정하는 식으로 장례문화가 과거와는 많이 달라졌다. 과거에 비해 그 중요성도 많이 감소했다. 사회적으로도 종래의 장례문화는 자연환경을 훼손한다거나, 국토면적이 협소하다는 것 등 여러 이유로 변화하고 있다.

하지만 양택 즉 살거나 일하는 곳을 정하는 일은 여전히 중요하다. 배산임수背山臨水라는 말이 있다. 집 뒤에 산이 있고 앞에 물이 흐르는 지형에 집을 앉힌다는 이론이다. 북풍을 막고 빛을 많이 받아야 한다는 점에서 현대에도 여전히 유효하다.

둘째 오향동문午向東門이라는 개념이 있다. 집이 향하는 곳을 오향午向 즉 자오선子午線이 가로지르는 선을 따라 오 방향에 놓는다는 것이다. 현대의 방위개념으로 남남동 정도의 방향이다. 그리고 대문은 동쪽에 놓는 것을 가장 이상적인 것으로 생각했다. 이러한 집을 가지려면 3대가 덕을 쌓아야 한다는 속설이 있었다. 산업정보화 사회인 지금도 여전히 이상적인 방향이다. 세째 급경사인 곳은 좋지 않다는 이론이다.

가령 서울 평창동의 경우 북한산 자락에 놓여 있어 경사가 매우 급하다. 상식적으로 경사가 급한 경우는 붕괴의 위험을 고려하지 않을 수 없다. 다음으로 물길이 흘러 기운이 소용돌이치거나 때리는 곳은 피해야 한다.
유성룡 등 조선시대 명사를 배출했던 경북 안동 하회마을의 경우 물살이 약해 모래톱이 만들어진 곳에 마을이 들어서 있고, 하회 겸암정사 쪽으로 물살이 급히 흐르고 부딪히는 곳에는 집을 앉히지 않았다.
도로가 많이 뚫려있는 현대의 경우, 도로를 물길로 비유해도 좋다. 과거 물길은 기운이 수기와 함께 흘러가고 부딪히는 곳으로 이해했다. 현대도 같은 비용을 지불한다면 풍수이론을 적용하는 것이 좋다.

가족관계

과거 가족을 포함한 친인척 관계는 삶에서 절대적이었다. 과거 농촌공동체에서는 3~4대가 한 마을에 살았고, 한 집안에서 평생을 살기도 했다. 할아버지와 아버지, 아들과 손자가 같이 살았고, 시할머니와 시어머니와 며느리, 시누이가 함께 사는 가정은 삶의 토대였고, 온갖 갈등이 타오르는 무대였다. 여자에게 마음이 맞지 않는 시어머니와 이에 끼어든 시누이는 온갖 고통의 근원이었다.

　또 마음에 들지 않는 며느리는 삶의 큰 짐이었고 아들과의 관계가 어긋나는 뿌리였다. 그래서 사주풀이에서 각종 가족관계에 대한 진단은 아주 중요한 항목이었다.

　대가족 제도가 해체된 지금 부모, 부부, 자식 관계를 제외하고 그 의미는 약화됐다. 따라서 사주를 통해 본 친인척 관계도 이런 정도로 좁혀진다. 하지만 가족 특히 아버지와 어머니, 처, 아들과 딸은 여전히 삶의 목표이자 열정의 근원이다. 아버지와 어머니를 갖고 있으며, 처를 갖고 있다는 것은 인생의 큰 축복이다. 평생을 아들 딸과 함께 할 수 있다면 그보다 더한 축복은 없을 것이다.

　하지만 모든 가족관계가 이렇듯 이상적이지만 않다. 아버지를 일찍 여의고 고립되었던 몽고의 칭기즈칸은 어릴 때부터 온갖 고난과 고통의 바다를 헤치고 나아갈 수 밖에 없었다. 하지만 훌륭한 어머니에 의해 시대의 거목으로 성장하였다. 소수자의 처지에서도 어린 자식을 굳건히 길렀던 어머니와 외할아버지의 손에 자라 최고의 인물이 된 오바마도 아버지의 도움은 실질적으로 거의 없었던 것으로 보인다. 아버지가 없어도 시대의 아들로 훌륭하게 성장한 사례는 많겠지만 성공하기까지 그들이 겪었던 고난은 다른 가정의 아이들보다 훨씬 깊고 컸을 것이다.

　위대한 인물 뒤에는 언제나 위대한 어머니가 있다. 위의 사례는 대표적인데, 이런 인연이 있다면 그 인생은 매우 축복받은 인생이다. 어머니는 사주상으로 월주月柱이거나 인수로 표현된다. 정인正印이 있다면 그것이 어머니이고 정인이 없다면 편인偏印으로 이해해도 좋다. 어머니는 대개 모두 훌륭하다. 하지만 드물게 어머니답지 못한 어머니도 있다.

핵가족으로 넘어온 현대에는 부부관계가 중요해졌다. 남자의 입장에서 본다면 부인은 다양한 모습으로 등장한다. 어머니 같은 부인이 있는가 하면 누나와 같은 부인이 있다. 친구와 같은 부인이 있는가 하면 후배 같은 부인도 있다. 화려하고 현란한 부인이 있는 반면 검소하고 정갈한 부인도 있다. 적극적이고 활달한 부인이 있는 반면 소극적이고 조용한 부인도 있다. 또 사회활동이 왕성하고 능력있는 부인이 있는 반면, 다수는 평범한 부인이다. 이러한 다양성 가운데 어떤 경우는 인생에 활력을 불러일으키지만 어떤 경우는 갈등과 파멸의 씨앗이 된다. 마찬가지로 여자의 입장에서 남자도 다양하다. 같은 방식으로 적용될 수 있다.

자식은 어떤가. 자식은 부부가 낳은 사랑의 결과이지만 길러주고 키워야하는 부양의 대상이기도 하다. 더구나 치열한 경쟁사회가 되어 어릴 때부터 입시 소용돌이와 시험 소용돌이에서 자유롭지 못한 성장시기의 한국 청소년들에게 공부는 하나의 목표이자 짐이다.
공부가 인생의 전부는 아니지만 중요영역인 까닭에 이 또한 본인과 부모를 힘들게 만든다. 거기에 건강과 인성 그리고 적절한 균형감각 등 여러 요소가 결합되어 인생의 긴 여정을 항해한다. 모든 요소를 원만히 갖추며 나아가기란 쉽지 않다. 그렇기에 인내와 사랑과 성찰이 필요하다.

현대 과학이 말하는 우주 탄생 시나리오

유사 이래 수많은 과학자들이 우주 탄생의 객관적 근거를 밝히려 했고 그들의 노력은 현대 우주론으로 결실을 맺고 있다. 우주 탄생의 신비를 밝히려는 과학계의 노력은 지금 이 순간에도 계속되고 있다.

2014년 3월 17일 미국 과학자들이 '바이셉2'라는 관측 장치를 통해 중력파를 탐지한 경우가 이에 해당된다. 중력파는 우주가 하나의 점에서 빅뱅과 인플레이션을 거치며 진화했음을 입증하는 결정적 증거다.

오늘의 우주는 초기 상태에서 약 137억년을 통해 팽창해 온 결과다. 그렇다면 우주는 과거로 갈수록 수축되어 초기 상태로 가면 하나의 점으로 압축될 것이다. 이와 같은 우주의 진화는 위대한 물리학자 아인슈타인의 일반상대성이론에서 유도되는 결론이었다. 아인슈타인 자신은 그와 같은 결론을 못마땅하게 여겼지만 그의 방정식을 이용해 1920년대 초 러시아의 알렉산드르 프리드만은 우주가 팽창한다고 예견했고, 5년 뒤 미국의 허블은 100인치 망원경을 이용해 은하계들이 지구로부터 점점 멀어져감을 관측했다. 우주 팽창이 입증된 것이다.

이어 1948년 러시아의 조지 가모프는 우주 초기에 대폭발이 있었다면 지금도 그 잔해에 해당하는 빛이 남아 있을 것이라고 예견했다. 그 후 1965년 미국의 펜지아스와 윌슨이 마이크로파 잡음을 제거하는 과정에서 온도 2.7K에 해당하는 우주배경복사를 관측했고, 이어 영국의 호킹은 빅뱅의 근거가 되는 블랙홀의 실체를 예견했다.

　마침내 1989년 미 항공우주국이 코비 위성을 통해 우주 전역에서 우주배경복사를 촬영하는데 성공했으니, 우주가 하나의 점에서 출발하여 거대한 폭발을 거쳐 오늘에 이르렀음이 확인되는 순간이었다.

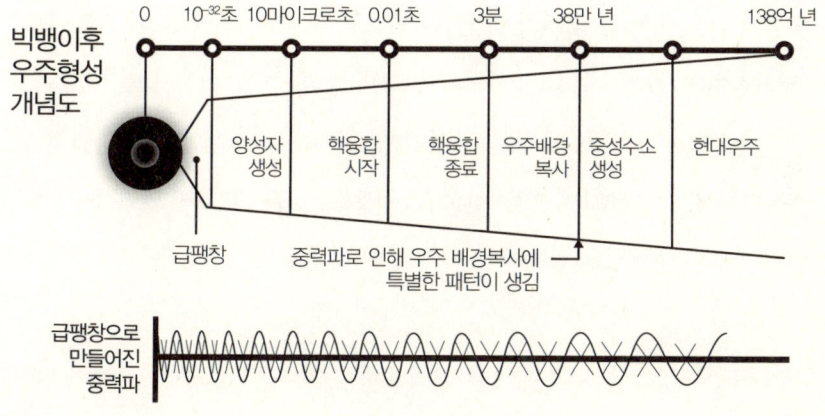

　초기 우주는 단지 하나의 점이라고 말할 수밖에 없는 초고밀도의 물질이었다. 이 상태에서 빅뱅이 일어났다. 우주의 역사가 시작된 것이다. 빅뱅 10-43초 뒤 더욱 강력한 폭발이 일어났으니 이를 인플레이션이라 부

른다. 이 때 방출된 에너지가 중력파로, 앞서 바이셉2로 관측된 파장이 이것이다.

이어 10-5초 뒤에는 빛에너지가 방출되면서 우주가 불덩어리처럼 밝아지기 시작했으며, 빅뱅 0.01초 뒤에 오늘날의 원자핵에 해당하는 물질들이 합성되었다. 약 1초 뒤 쿼크라 불리는 소립자들이 탄생했고, 그 후 빅뱅 3분 뒤 수소핵과 같은 최초의 원자핵들이 나타났다. 성서가 맞다면 "빛이 있으라" 하는 하느님의 말씀은 빅뱅 10-5초 뒤에 있었던 것으로 유추해볼 수 있을 것이다.

어쨌든 이 시점에 우주에 존재할 모든 물질의 거의 98%가 생성되었으며 우주의 온도가 점점 내려가 약 4천도가 되는 시점인 빅뱅 30만년 뒤 원자핵에 전자가 결합하면서 본격적인 원자의 시대가 열리고 이 때로부터 우주에는 무수한 별들이 나타나게 되었다. 전자가 원자핵에 붙잡히면서 그 충돌로부터 자유로워진 빛들이 우주 전체에 골고루 퍼지게 되었으니 나사 위성이 발견한 우주배경복사가 이들의 잔해다.

그렇다면 태초에 한 점이었던 우리 우주는 어디서 왔으며 그 이전은 어떤 상태였을까? 우리 우주가 아닌 다른 우주도 있는 것일까? 과학계는 이러한 의문에 답하고자 지금도 노력중이다.

우주가 10여 차원으로 이루어져 있으며 우리가 인지하는 4차원 이외의 차원은 시공간 속으로 말려 들어가 있어 관측이 불가능하다고 주장하는 초

끈 이론도 그 중 하나다.

　과학계는 이처럼 계산 가능하며 그를 통해 논리적으로 예측할 수 있는 우주를 보여주고자 하지만 여전히 풀어야 할 난제는 너무나 많다. 불교에서 말하는 영겁의 시간처럼, 어쩌면 우리의 우주와 그 너머 존재하는 그 무엇을 계산식으로 밝혀내기에는 인류에게 주어진 시간이 너무나 짧은 것인지 모른다.

　그렇다면 동아시아인들의 사유였던 기이론으로 현대과학이 말하는 우주의 역사를 어떻게 설명할 수 있을까? 모든 것을 흡수하는 블랙홀을 음적 에너지 활동으로, 대폭발인 빅뱅과 인플레이션(팽창)을 양적 에너지 활동이라고 해석하는 것이 가능할까?

생명의 기원설과 음양이론의 만남은 가능한가?

　대체 생명이란 무엇이며 어디에서 왔는가? 다윈의 명저 "종의 기원"이래 오늘날 지구상에 존재하는 수많은 생명체들은 지구 탄생의 역사와 궤를 함께 하는 기나긴 진화의 산물로 이해되고 있다.

　그렇지만 그 출발점이 되는 생명체의 시원에 대해서는 아직 만족할 만한 해답을 얻지 못하고 있다. 최초의 생명체가 존재했다면 이는 무생물로부터 '합성'된 것일까. 만일 그 조건을 실험실 속에 만든다면 새로운 생명체를 탄생시킬 수 있을까.

오늘날 인류를 포함한 지구상의 생명체를 위협하는 숱한 병리현상과 도전을 극복하려면 어떤 식으로든 생명의 시원이라는 난제에 직면하기 마련이다. 우선 생명의 기원에 대해 서양 과학계가 성취한 이해 수준을 살펴보자.

고대 그리스 철학자들 예를 들어 탈레스나 아리스토텔레스 등은 진흙이나 습한 상태로부터 생명체가 탄생하며 특히 미생물은 언제나 저절로 만들어지는 것이라 믿었다. 실험에 비해 사유를 중시하는 고대 서양 철학의 전통은 중세를 지나 근세에 이르기까지 2000년이나 유지되었는데 예를 들어 데카르트조차 생명체는 우연히 발생하는 것으로 믿었다.

그러나 르네상스와 함께 일군의 과학자들이 엄밀한 관측과 실험에 나서고 현미경과 같은 도구들이 발전하면서 이러한 가설은 극복되기에 이르렀다. 1861년 프랑스의 파스퇴르는 이른바 백조목 플라스크 실험을 통해 자연상태에서는 미생물이 생겨날 수 없음을 보였고, 이후 일련의 과정을 통해 생명체는 그 생명체의 모체를 통해서만 발생할 수 있음이 입증되었다.

그렇다면 모든 생명체의 모체, 즉 최초의 생명체는 어디에서 왔을까?
1936년 소련 생화학자 오파린은 원시 대기 상태에서 생명체가 합성될 수 있다는 가설을 제기했다. 그는 지구 역사의 일정 단계에서 산소가 없고 메탄 수소 암모니아 같은 기체로 뒤덮인 원시 대기를 가정했다.

이들 기체가 태양으로부터 다양한 에너지를 흡수하는 과정에서 간단한 유기물이 합성되었으며, 이것이 바다로 흘러들어가 코아세르베이트라 불리는 일종의 독립적인 유기입자로 발전했다. 이어 다른 유기물을 분해합성하는 유기체로 발전했는데 이것이 최초의 생명체라는 것이다.

오파린의 가설을 받아들여 1953년 미국의 유레이와 밀러는 실험실에서 원시 대기 상태를 만들어 이로부터 생명체의 고유 물질인 아미노산과 염기 등을 얻는 데 성공했다. 이 실험은 과학계에 많은 논란을 낳았음에도 불구하고 대단히 희소한 확률로 원시지구상에서 생명체가 탄생할 가능성이 있음을 보여주었다.

그 후 20세기 현대과학 특히 양자역학과 분자생물학은 생명체가 다른 물질과 본질적으로 동일한 입자의 집합체이며, 유전적 성질을 지닌 물질 그 자체임을 명확하게 밝혀냈다.

1932년 양자역학의 아버지라 불리우는 닐스 보어는 유명한 코펜하겐 강연에서 생명현상에도 양자역학이 적용됨을 강조했다. 생명현상에 대한 물리적 분석은 더욱 심화되어 1944년 오스트리아의 슈뢰딩거는 자신의 저서 "생명이란 무엇인가"에서 생명 활동의 핵심이 유전자에 있으며 유전자는 생명 정보의 기록물임을 주장하여 숱한 논란을 낳았다.

그의 주장에 따라 유수한 과학자들이 분자생물학에 뛰어들었고, 마침내 1953년 왓슨과 크릭이 유전정보를 지닌 DNA 이중나선 구조를 발견하기에 이르렀다. 이를 오파린의 실험과 연결해 보면, 원시 지구에서 우연히 합성된 유기물질들이 일정한 조건 속에 유전정보를 지닌 단백질로 합성되면서 자기 복제 능력을 지닌 수준으로 발전했다. 이것이 생명의 기원이며 모든 생명체는 이 유전정보로 인해 상호 연결되어 있다는 설명이다.

　우주가 단 하나의 점으로부터 빅뱅이라는 사건을 통해 형성된 상호 연관의 총체임은 이미 말한 바 있다. 우리는 위로부터 인간을 포함한 지구상의 모든 생명체 역시 DNA라는 유전정보의 다양한 결합을 통해 형성된 상호 연관의 총체임을 확인할 수 있다. 현대 과학의 성과는 경이롭다.
　하지만 현대과학은 우주의 시원에서처럼 생명의 시원에 대해서도 그 형성 과정을 밝히지 못하고 있다. 더구나 인간의 사유와 육신의 관계 및 수시로 변하는 심리적 기제에 대해서 현대 과학은 여전히 미궁 속을 헤매는 중이다.
　이 점과 관련해 모든 사물의 탄생과 발전은 기의 내재적인 상호작용에 의해 발전한다는 동양 사상은 우주와 인체의 작동 메커니즘에 많은 통찰을 제공할 수 있지 않을까?

꼭 알아야 할 한자

명리학	命理學	기	氣
음양오행	陰陽五行	10간12지	10干12支
사주팔자	四柱八字	연월일시	年月日時
상생상극	相生相剋	육신	六神
천간 / 지지	天干 / 地支	역마 / 도화 / 화개	驛馬 / 桃花 / 華蓋

갑을병정무기경신임계	甲乙丙丁戊己庚辛壬癸
자축인묘진사오미신유술해	子丑寅卯辰巳午未申酉戌亥
식신 / 상관 / 정재 / 편재 / 정관 / 편관	食神 / 傷官 / 正財 / 偏財 / 正官 / 偏官
정인 / 편인 / 비견 / 겁재	正印 / 偏印 / 比肩 / 劫財

참고문헌

네이버 캐스트
고진석 지음, 〈나는 왜 이렇게 사는가〉, 웅진서가, 2013
백영관 지음, 〈사주정설〉, 명문당, 2004
연상원 지음, 〈음양오행으로 본 체질〉, 글도깨비, 1999
박주현 지음, 〈육갑〉, 삼명, 2012
서락오 평주/박영창 옮김, 〈자평진전평주〉, 청학, 2007
구중회 지음, 〈명리학의 첫걸음〉, 국학자료원, 2013
고미숙 지음, 〈나의 운명 사용설명서〉, 북드라망, 2013
박주현 지음, 〈왕초보사주학〉, 동학사, 2001
박주현 지음, 〈용신〉, 삼명, 2013
김창훈 지음, 〈낯선 것과의 조우〉, 좋은책만들기, 2013

김동완 지음, 〈사주명리학〉, 동학사, 2013
안철환 지음, 〈24절기와 농부의 달력〉, 소나무, 2012
최용일 편저, 〈한 줄의 통찰〉, 21세기북스, 2010
장동순 지음, 〈100년의 기상예측〉, 중명출판사, 2004
장영란 지음, 〈자연달력 제철밥상〉, 들녘, 2010
김상연 편저, 〈컴퓨터만세력〉, 갑을당, 2008
최상용 지음, 〈중용의 정치사상〉, 까치, 2012
윤경철 지음, 〈대단한 하늘여행〉, 푸른길, 2011
이현호 지음, 〈일주비전〉, 다혜, 2002
박태은 지음, 〈현상체질〉, 늘푸른나무, 2013
김완희 지음, 〈한의학원론〉, 성보사, 2001
박주현 지음, 〈사주문답〉, 동학사, 2000
한중수 지음, 〈사주학대강의〉, 동반인, 2007
강신주 지음, 〈강신주의 다상담〉, 동녘, 2014
이 수 지음, 〈적천수적요해설〉, 장원, 2006
이선종 번역, 〈적천수 천미〉, 장원, 2003
강신주 지음, 〈철학 대 철학〉, 그린비, 2013
강신주 지음, 〈감정수업〉, 민음사, 2014
김용옥 지음, 〈중용 인간의 맛〉, 통나무, 2011
주춘재 지음/정창현 옮김, 〈한의학 입문〉, 청홍, 2009
김석진 지음, 〈주역강해〉, 대유학당, 2001
로버트 C. 솔로몬 지음/박창호 옮김, 〈세상의 모든 철학〉, 이론과 실천, 2007